GANDHI THE MAN

人間ガンディー
世界を変えた自己変革

エクナット・イーシュワラン 著
スタイナー紀美子 訳

東方出版

Gandhi The Man
How one man changed himself to change the world
by
Eknath Easwaran

Japanese Translation by
Kimiko Steiner.
First published 2013 in Japan by
TOHO PUBLISHING, INC.,
by arrangement with
Nilgiri Press
P.O. Box 256,Tomales, California 94971, U.S.A.
www.easwaran.org.

●目次

イーシュワランのガンディー像

マイケル・N・ナグラー

わたしが初めてガンディーを知ったのは——少なくともわたしが記憶するかぎりにおいてですが——荼毘《だび》にふされているガンディーを報道した『ライフ』誌でした。数日前に11歳の誕生日を迎えたばかりのわたしは、ホロコーストの記憶でまだ気持ちが動揺していました。『ライフ』誌は当時の東洋かぶれ的なスタイルで、葬儀を観ている群衆の赤裸々な嘆きを強調していました。遠く離れた見知らぬ国で、なにか重大なことが起ったのだということが、子ども心にも伝わってきました。

本書の著者エクナット・イーシュワランに出会った頃、わたしはカリフォルニア大学バークレー校の助教授になったところで、すべての戦争行為に対して、良心的兵役拒否の立場をとっていました。当然ながら、ガンディーに強く惹きつけられもし、同じくらいの強さでかれを避けてもいました。人間わざとは思えないほどの勇気は言うまでもなく、あまりにも厳格な態度や、食事をとらないで過ごしている様子から、なにか別の惑星からやってきた宇宙人のような印象をうけ（これは多少なりとも『ライフ』誌の記事の印象が尾を引いていたのでしょう）、まねをするにはほど遠い偉業の持ち主のように思えたからです。けれども、イーシュワランからガンディーについての話を聞くうちに、目の前にまったく違ったガンディー像が広がってきました。少し逆説的ですが、ガンディーはわたしが認識していたよりももっと偉大だったのです。はるかに偉大だったのです。そして、さらにすばらしいことに、ガンディーはわたしにとってより身近な存在となったのです。

イーシュワランは、人間の内に潜んでいる莫大な力を少しずつ解き放つことのできる修行——わたしのようなごく普通の人間にも実行できる修行——について、力説しました。ガンディーは史上最強の帝国からインドを独立させましたが、その過程のなかで、アルベルト・セント＝ジェルジが言うように、「権力が、その持っていると信じられていた力を失ったことを証明した」のです。つまりわたし自身も、この紛争に満ちた物質的な世界で暴力を減少させるために、少なくとも何かをすることができるのです。それを、なにも自分ひとりでやらなくてもいいのだということも、後で知りました。暴力には絶対的な力があるという「神話」を払拭するためにガンディーが及ぼした予想以上の影響力が定着し、今こうしている間も、人間生活の質を変えていっているのかもしれないのです。

「ガンディーは南アフリカからインドに戻り、現代社会が抱えているすべての問題を解決しようと、静かにとりかかりました」イーシュワランはかつてこのように言ったことがありました。最初この言葉を聞いたとき、にわかには信じることができませんでしたが、事実、確かにガンディーから恩恵を受けたというすぐれた指導者が、次から次へと出てきているではありませんか——経済、教育、政治、哲学は言うまでもなく、食事療法や健康の分野においてまで。社会運動に取り組んでいる人たちは、ガンディーを「非暴力の父」とみなしています。そしてそのなかのもっとも卓越した人物マーティン・ルーサー・キング・ジュニアは、ガンディーを完全に自分のなかに取り込むことによって、自らの人生を、そして人々の人生を、永遠に変えてしまったのです。

『スモール イズ ビューティフル』の著者Ｅ・Ｆ・シューマッハーは、今日の環境保護運動のさきがけとなったかれ独自の運動の出発点は、ガンディーの紡ぎ車だったと言っています。またルイス・マンフォードは、ガンディーを「現代におけるもっとも重要な宗教家」と呼びました。さらにアメリカの精力的な平和運動家カービー・ページは、その活動のなかで、二十世紀の舞台に登場した多くの卓越した人物に出会いましたが、ガンディーについては、次のように言っています。

「わたしが、ガンディーの印象について最初に書きとめたノートには、『ガンディーは現代におけるもっとも偉大な人物？』という表題がついていました。その表題についていた『？』がわたしの心から消えたのは、もうずいぶん前のことです」

ガンディーはどのようにして、このような偉大な人物になったのでしょうか？　——この疑問には、まだ答えが出ていません。しかし、それはもっとも重要な疑問でしょう。そして、まさにこの疑問を取り上げたのが、本書です。政治、経済、平和、健康などの領域においてガンディーが成し遂げたひとつひとつのことは、ガンディーを部分的に表すものでしかありません。かれの全体を理解しなければ、部分も理解できないのです。ガンディーは次のように言っています。「わたしの人生は分かつことができないひとつであり、すべての活動はお互いにつながっています……」ガンディーの真の業績は、ある特定の分野にあるのではなく、すべての人々にとってもっとも大切な仕事、すなわち「どのように自分を作っていくか」ということにあるのです。ガンディーはどのようにして自分の人生を、イーシュワランが言うように「みごとな芸術作品」にすることができたのでしょうか？

ガンディーの人生をのぞいてみると、若い頃、かれは暗いところが怖く、自ら告白しているように耳がばかでかいだけの、一見さえない若者だったようです。そのようなかれが、公然の敵を魅了してしまうほどの指導者となったのは、なぜなのでしょうか？　ときに激しい気性をみせる若者が、ありとあらゆる種類の罵倒《ばとう》や批判を陽気にかわし、敵対している人々から何年も会っていない旧友のように扱われるようになったのは、なぜでしょうか？　つまり、端的にいえば、モハンダス・K・ガンディーという平凡な人間から、どのようにしてマハートマー（偉大な魂）となったのでしょうか？　その人間的成長をもたらした測りしれない力については多くの伝記が触れていますが、その力について説明しているものがないのは、なぜなのでしょうか？

イーシュワランの解釈が必要とされるのは、この点にあります。イーシュワランは、ガンディーのインド、すなわちインドが大英帝国の植民地下におかれ、イギリスにとってドル箱的存在だった時代に生まれました。かれが育った美しい村は、南インドの多くの村々と同じように、激動の政治的変動、歴史の大動脈から外れていました。かれにとって影響力が大きかったのは、インドを目覚めさせようとしていたガンディーではなく、母方の祖母でした。その祖母は、一族が代々住んでいた村から出たことも、社会運動に参加したこともない無名の女性でした。しかし彼女がイーシュワランの心に蒔《ま》いた種は、インド独立運動よりももっと深く根を下ろしていったのです。祖母がイーシュワランに残した遺産は、五千年もの長い伝統を持つ豊かな精神性でした。

イーシュワランは成長するにつれ、物理的にも知的にも祖母の世界を超えていきます。かれがガンディーを訪ねたのは、独立運動がもっとも盛り上がっていた頃のことで、当時かれは西洋文明にどっぷり浸りながら、中央インドで文筆家や演説家として才能を発揮しはじめていました。イーシュワランがその夜、ガンディーのアシュラムのニームの木の下で目撃した生命に宿る霊的な力を理解できたのは、西洋教育によるものでも、知的研《けん》鑽《さん》によるものでもありませんでした。それは祖母が何十年も前に、かれの心に吹き込んだ霊的な気づきによるものでした。そしてそれはガンディーを単に政治家としてではなく、ひとりの人間としてとらえることをイーシュワランに可能にさせたのです。

インドはいろいろな意味で格差の大きい国ですが、根底には深い統一があります。イーシュワランがその日、ガンディーのなかに見た霊的な力は、インドでは無数に体験されていることです。その力を感得した人たちは、さまざまな生き方を通してその力を表していますが、霊性そのものは同じです。その背後にある「すべての生命はひとつ」というすばらしい認識も、まったく同じです。イーシュワランも無意識のうちに、同様の認識を得ようと努力していました。そしてその願いは、ガンディーによって強められ、確信させられたのです。さらに、瞑想から引き出される力を日常生活に生かす方法を学んだのは、その人生が「一冊の開かれた本」のように隠しだてのないガンディーからでした。

ガンディーは根っからの修繕屋でした。伝統の束縛が根強い国にありながらも、自らの生き方をたえず改善していき、その最後の日まで「不完全な自分」を修繕し続けたのです。そのようなガンディーの「実験の人生」において、あらゆる面で手引き書となったのが、『バガヴァッド・ギーター』でした。ガンディーはギーターを「精神の参考書」と呼んでいましたが、この不朽の古典はイーシュラワンにとっても同じように人生の手引き書となりました。

ガンディーとイーシュワランの生き方は、表面的には異なっていましたが（たとえば、イーシュワランが政治に関与することはありませんでした）、両者ともギーターを自分たちの「実験」の指針としたのです。ですから、ガンディーの内的な成長や外的な経歴を解釈するとき、イーシュワランには自らの体験に照らし合わせることができるというメリットがあったのです。

カリフォルニア大学の授業で、わたしは学生たちに「ガンディーのインド」というすばらしいドキュメント映画を見せていました。それはＢＢＣが、ガンディーと直接かかわった人々や、一緒に仕事をした人々をインタビューしたものです。登場人物のなかに、わたしたちみんなをすっかりファンにさせてしまうアシャ・デヴィという女性がいます。「ガンディーはどんな人だったのでしょう？　かれのどういうところに、人は感動するのでしょうか？」このように聞かれたアシャ・デヴィは、ガンディーの人間としての本質を「大きな愛」というごく短い言葉に集約します。そして、その少し後、質問者は「ガンディーは少し非現実的だったので、わたしたちの能力の限界を正しく判断できなかったのでは？」と、ガンディーについてよく耳にする批判的な質問をします。

それに対して、「わたしたちの能力に限界はないのよ！」と言い返す彼女の目に宿るいきいきとした輝きを、皆さんにお見せしたいほどです。

わたしたちの能力に限界はない――それはまさにギーターの言葉です。ガンディーが指摘しているように、人間の偉大さは「外的な世界」をどれくらい作りかえられるかにあるのではなく（ほとんどの人がそう信じ込まされていますが）、どれくらい自分自身の「内的世界」を作りかえられるかにあるのです。わたしたちは皆、非暴力と真理の理想を実現するために生まれてきました。そしてこの理想の実現に情熱を燃やすことができるなら、どのようなハンディも精神的な完成への妨げとはなりません。これはアシャ・デヴィがガンディーから学んだことであり、またイーシュワランが本書で伝えようとしていることです。

ガンディーのすばらしい伝記を書いたウィリアム・L・シャイラーは、ガンディーが暗殺された直後、インドで人々が悲嘆に暮れている様子を目《ま》のあたりにしたジャーナリストの友人の話を紹介しています（それはガンディーに対するあの誤った印象をわたしに植えつけることになった出来事です）。状況に驚いたジャーナリストは、インド人の友人にいったい何が起ったのか、説明を求めました。

「人々は、マハートマーのなかに鏡があって、自分のなかのもっともすばらしい資質がそこに映し出されるのを見ることができました。そして今、その鏡が閉じられてしまうことを恐れているのです」

その鏡は今も閉じられていません。わたしはこの美しい本が読者の皆さんに、人間のなかに潜んでいる大きな力をかいま見せてくれるだけではなく、その力を生活のなかでどのように開発できるのか、ヒントを示してくれるよう願っています。それは本書と、本書の著者イーシュワランとの長年のかかわりが、わたしに教えてくれたことです。

マイケル・N・ナグラー
カリフォルニア大学バークレー校名誉教授
「平和と紛争学コース」共同創立者

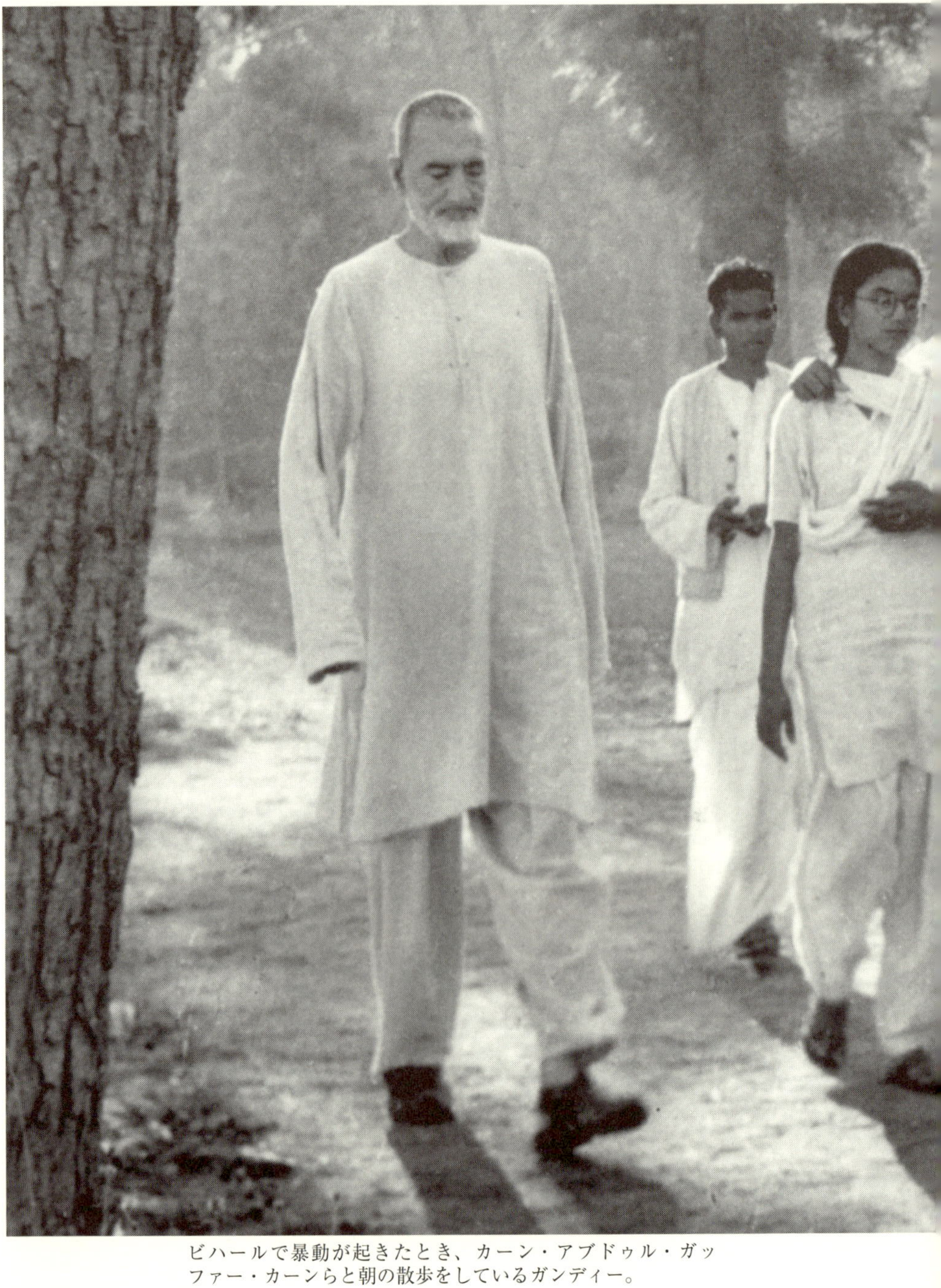

ビハールで暴動が起きたとき、カーン・アブドゥル・ガッファー・カーンらと朝の散歩をしているガンディー。

人間ガンディー

「わたしは夢想家ではありません。
わたしは実践的な理想主義者です」

「わたしが今までに成し遂げたことは、
わたしと同じだけの信念と希望を培い
わたしと同じだけの努力を払えば、
だれでも必ず成し遂げられます。
わたしはそのことを微塵も疑いません」

国民会議派のマウラナ・アサド、ジャワハルラール・ネルーととともに、時間を確かめているガンディー。1935年８月、ワルダにて。

ガンディーのインドに育って——当時と今

わたしは、自分が育ったのは「英領インド」ではなく、「ガンディーのインド」だったと言いたいと思います。なぜなら、ガンディーは巨人のようにわたしの世界を支配してしまったからです。1915年、ガンディーは20年にわたる南アフリカ滞在を終えてインドに帰国し、マハートマー（偉大な魂）として迎えられました。当時、わたしはまだ子どもで、国の指導者となるべくガンディーを駆り立てることになった数々の悲劇を理解するには、幼すぎました。また、わたしが住んでいた小さな村は相当な僻地にあったため、入ってくる情報量も限られていました。16歳で大学に進学して初めて、ガンディーが発行していた週刊新聞『ヤング・インディア』のことを知ったのです。ガンディーは思いのたけを紙面に注いでいました。当時、インドでは識字率が低かったにもかかわらず、新聞は手から手へと回され、途中で読みあげられながら、インド中の村々にくまなく届けられました。

わたしの学生時代は激動のさなかにありました。1930年1月1日、午前零時きっかりに、インド国民会議派は独立を宣言し、独立インドの旗を掲げました。わたしが大学3年生のときのことです。そのモットーとなった「ピュアー・ガンディー」は、インドのもっとも古い文献のなかの言葉「サティヤムエヴァ・ジャヤテ（真理のみが勝利する）」からとったものでした。後年、ジャワハルラール・ネルーは、その夜「わたしたちは運命と手を握ったのです」と言っています。家族から離れて大学に進学した田舎育ちの少年にとって、まさに興奮に満ちた時代でした。でもそれは、まだはじまりでしかありませんでした。以来、アメリカ人にとっての「独立宣言」と同じように、わたしたちも「戦争と手を握る」ことになったのです。

塩の行進

しかしそれは、武器をもたない戦争でした。1930年３月、ガンディーはイギリス総督に宛てて手紙を送り、塩の製造・販売を政府の独占事業としている法律にあえて違反するために、海に向かって行進し、非暴力抵抗闘争を開始することを知らせました。さらに、その行為の結果を喜んで受け入れ、インド国民にも自分と同じように行動するよう勧めるつもりだとつけ加えました。ジャーナリストのルイス・フィッシャーは、これは「間違いなく、イギリス総督が受け取ったもっとも奇妙な手紙でしょう」と、嬉しそうに報告しています。

塩の行進は、華々しいパフォーマンスとなりました。ガンディー率いる小さな有志集団は、道中のすべての村に立ち寄りながら、24日かけて海に向かって行進しました。そしてそのことが世界中で大ニュースになったのです。一行が海に到着したとき、行進の参加者は数千人に膨れ上がっていました。ガンディーが砂浜から一握りの塩をつかんで、インド国民への合図として高くかかげた光景を、世界中の何百万という人がニュース映画で見ていたに違いありません。しかし、インドにはメディアは必要ではありませんでした。イギリスの法律に対する完全な非暴力的不服従で、国中が沸きあがっていたからです。

だれもが予期しなかったことは、警察の攻撃、拷問、逮捕、さらなる過酷な仕打ちに対して、非暴力が持ちこたえたことでした。自分たちのなかから暴力行為が起った場合、たとえそれがどれほどひどい挑発に対してだったとしても、ガンディーが闘争を中止することはみな承知していました。来る日も来る日も、人々は「誓いを守り」、刑務所は文字通り、受刑者であふれかえっていました。当時を振り返って、多くの人々がこの服役期間中が自分の人生のもっとも輝かしい時期だったと言っています。ガンディーは「真理のための苦しみ」を、名誉の記章としたのです。

このことが、自分自身やインド全体に及ぼした影響について説明することは、わたしにはできません。言うまでもなく、それは劇的なことでしたが、わたしにとってもっとも大きな意味を持ったのは、人間に対して「錬金術」

がなされたという事実でした。この闘いに挑んだのは、自分たちの家族や友人、学友、知人であり、市場《いちば》や寺院、職場、学校などで見かけるごく普通の人々でした。性別、年齢に関係なく、カーストの上下や、教育、教養のあるなしを問わず、大富豪から極貧にいたるまで、ありとあらゆる人が含まれていました。かれらはいったい、どうして突然このような勇者となることができたのでしょうか？　鋼鉄がついた警棒で殴られることを進んで受け入れ、刑務所に送りこまれ、生計を奪われ、ときに銃で撃たれることも厭《いと》わなかったのは、なぜなのでしょうか？　超人的なことを求められた人々は、周囲を見回して、自分たちにもそれができるということを知ったのです。「肉体はもろいかもしれないが、精神は無限です」というガンディーは正しかったのです。わたしたちは自分が思っているよりもはるかに強く、そして偉大なことを成し遂げたのです。それは、わたしたちが偉大だったからではなく、わたしたち皆のなかに神性が宿っているからなのです。棍棒を振りかざし、銃をかざす人たちも同じです。この錬金術の秘密は何なのでしょうか。これがわたしにとって火急の問題となりました。

アシュラムでのガンディー

わたしが大学院で学ぶために進学した大学は、セヴァグラム（奉仕の村）と名づけられたガンディーの小さなアシュラム（生活共同体）の近くにありました。わたしにとって初めて、ガンディーが現実に手の届く距離の人となったのです。わたしは疑問に対する答えが見つかるかもしれないと、週末にガンディーを訪ねてみることにしました。

アシュラムへは鉄道の駅から数マイルほど歩かなければなりませんでした。たどり着いたのは、すでに太陽が地平線に沈みかけていた頃です。ガンディーは緊急の国家的な折衝のために、朝から小さなわらぶき小屋に引きこもっていて、その小屋の外には多くの人が集まっていました。わたしはがっかりしました。そのような緊迫した会合の後は、きっと疲れ果てて、わたしのような訪問者に与えられる時間はほとんどないに違いないと思ったからです。

ところが、小屋のドアが開くと、70歳くらいの小柄な人物が、十代の少年のようないたずらっぽい目をして、まわりの人と冗談を言ったり、笑ったりしながら、軽やかに飛び出てきたのです。ガンディーでした。これから夕方の散歩に出かけるということで、わたしたちにも一緒に来るよう身振りで誘ってくれました。しばらくすると散歩の一団はまばらになりました。ガンディーは歩くのがただ速かっただけではありません。飛ぶように速かったのです。白いショールがはためき、むき出しの脚はごつごつしていて、まるで飛びたちぎわの鶴のようでした。歩くのが得意なわたしでさえ、ガンディーに追いつくには、小走りにならなければなりませんでした。

わたしの質問リストは増え続けていました。七十代といえば、当時のインドではすでに人生の黄昏《たそがれ》です。しかしガンディーは日々、4億の国民の責任を担っていたのです。おそらく一日15時間、40年間にわたり、激しいプレッシャーのもとで生きてきたに違いありません。なぜかれは疲れきっていないのでしょうか？　そして、なぜこれほど若々しいのでしょうか？　この無限とも言えるバイタリティーとユーモアの源は、何なのでしょうか？

散歩の後は、祈りの集いの時間でした。この頃になるともうあたりは暗くなっていて、ほやつきランプがそこここに灯されていました。ガンディーは一本の木を背に、まっすぐ坐りました。その近くに坐ることができたわたしは、全神経を集中させながらガンディーを見ていました。まず、日本人の僧侶がお経を唱え、続いてイギリス人の女性がガンディーの好きな讃美歌、ジョン・ヘンリー・ニューマンの「導きたまえ、光よ」を歌いました。ガンディーは目を閉じ、まるでそれらの言葉に吸い込まれていくように深く集中していました。

その後ガンディーの秘書のマハデヴ・デサイが、インドでもっともよく知られている聖典『バガヴァッド・ギーター』を朗誦しました。ギーターの舞台は戦場ですが、その戦場は人間の心を表しているとガンディーは言っています。武士階級の王子アルジュナは、わたしたちを代表している存

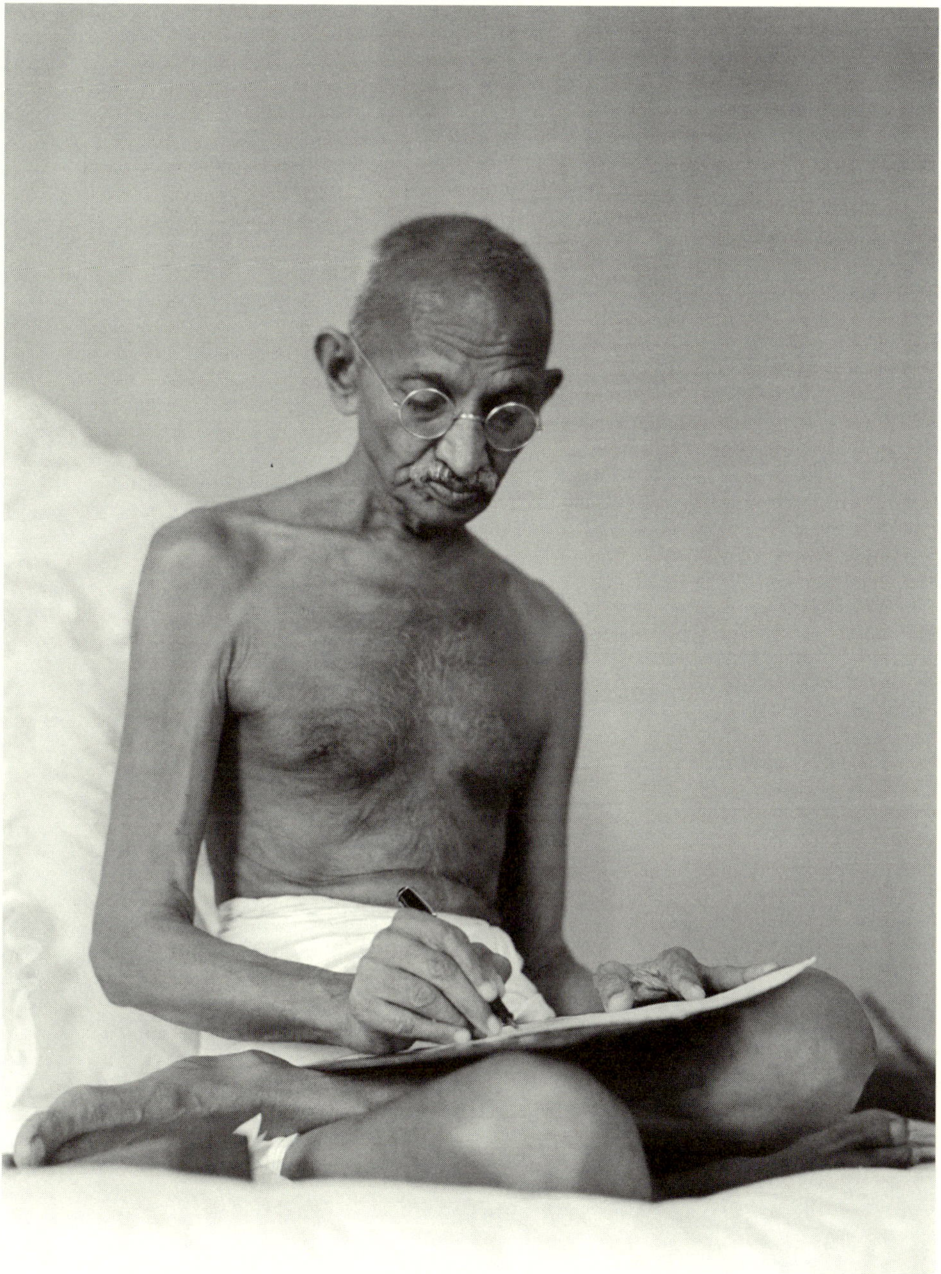

支援者G・D・ビルラの屋敷で原稿を書いているガンディー。1942年8月、ボンベイ

在で、内なる神クリシュナに、「人生のどの瞬間においても神を認識できている人は、どのように見分けることができるのでしょうか？」と尋ねます。クリシュナ神はそれに対して、世界の聖典のなかですばらしさにおいて比類のない、18の詩節からなる崇高な言葉で答えます。

不動の知恵を確立している人は、万物のなかに自分を見、自分のなかに万物を見る。愛の神（至高神）に向けられたその人の愛は、心をさいなむ利己的な欲望や、感覚器官の渇望をことごとく焼き尽す。悲しみに心をかき乱すことも、快楽を切望することもなく、肉欲、恐れ、怒りからも解放されている。利己的な執着にとらわれることもなく、幸運に舞い上がることも、不運に絶望することもない。覚者とは、そのような人である。

サンスクリット語は音の響きが美しく、朗唱に適しています。アルジュナの質問が夜空に響き渡ると、ガンディーはまったく不動になりました。ガンディーはあまりにも深く集中していたため、呼吸もほとんどしていないようで、まるで時間の枠から飛び出ているようでした。突然、「知恵を確立している人について教えてください」というアルジュナの質問が、現実の対話となってわたしの目の前に現れました。わたしはその答えを聞いていただけではありません。見ていたのです。ギーターが示している「知恵を確立している人」という条件を、わたしが知るかぎり、もっともよく満たしている人物を、目の前で見ていたのです。

ギーターの文学的な美しさを愛していたわたしは、それまで何度も何度もギーターを読み、解説にも耳を傾けていました。けれどもガンディーが「身をもって」示したものを目の当たりにして、その深い意味へのドアが開きました。ガンディーは身をもって示しただけではありません。ギーターの言葉そのもの、ギーターが言っていることの生きた具体例となったのです。

「利己的な欲望から自由になる」とは、ものごとに無関心になることではありません。自分自身のためには何も得ようとせず、どんなことが起っても内なる神以外には頼らず、最善を尽すということです。そしてゴールは、言うまでもなく人格の消滅にあるのではありません。ガンディーは、自らの人格をはっきりと打ち立てていました。そして真に独創的《オリジナル》でした。かれに比べると、わたしたちはまるで眠りながら生きている人のように精彩に欠けています。ガンディーは自分をゼロにしたいと言いましたが、実際はその逆で、宇宙とのパイプ役、つまり途方もなく壮大な宇宙のパワーを仲介する「平和の道具」となったのです。

政治的な指導者ではなく、神の子である人間について描き、それが人としての最高のあり方だと説くギーターのこれらの詩節は、ガンディーの人生の鍵となるものです。人生で「何をおこなうべきか」ではなく、「どうあるべきか」を教えているのです。そのメッセージは普遍的です。すべての経典には、本質的に同じ理想が説かれていて、世界中いたるところで、精神修行に励む人の生き方に反映されているのです。

非暴力

「わたしが南アフリカでサティヤーグラハの力を発展させることができたのは、自分をゼロにすることを学んでからです」とガンディーは言っています。サティヤーグラハとは、直訳すると「真理を堅持する」という意味で、暴力を用いず、復讐もしないで闘っていく方法に名づけたガンディーの造語です。ガンディーには難解な理念を実用的な言葉におきかえる才能がありましたが、その良い例がサティヤーグラハの原理を説明したときでしょう。サンスクリット語のサティヤー(satya)「真理」は、サット(sat)「存在するもの」から派生した言葉で、「真理は存在している。非真理は、存在しているように見えるが、本当は存在していない」という意味を含んでいます。ガンディーは、このことを学問の世界から取り出して、政治のど真ん中に持ちこみました。悪は、人がそれをサポートするから存在するのであり、サポートしなければ存在しないと、ガンディーは言っています。「真理を堅持する」ことは、本質的に「間違ったことへの支持」からの撤退です。もし多くの人々がこのことを実行すると——あるいはたったひとりでも深いレベルで実行すると——悪は支持を失って消滅してしまうと、ガンディーは主張しました。

ガンディーは決して理論家ではありませんでした。実践を通して学んだのです。サティヤーグラハは、生涯を通してその活動のなかで洗練され続けました。暗殺されたその日までガンディーは模索し続けていたのです。けれども、その本質となる要素は、南アフリカで活動を開始したときからすでにできていました。

まずそのひとつは、「不正な状況は、当事者双方にとってよくない」という心からの確信です。人種的偏見は、インド人だけでなくヨーロッパ人の品位も傷つけていました。ですから問題の真の解決は、巻き込まれているすべての人から人種差別の重荷を取り除くことでした。これは「すべての生命はひとつ」という霊的な認識に基づく考えで、ガンディーの「真理」が実際に意味していることでした。そしてそれはまた、きわめて実質的な解決法でもありました。というのは、実際に問題を解決し、状況を前進させるのは、唯一、だれにとっても有益な解決法だけだからです。それは当事者双方にとって良いだけでなく、その結果によってみんながより崇高に、より人間らしくなる解決法です。

同じように本質的でありながら、頭で理解しにくいのは、「非暴力行為は、自ら進んで苦しむことだ」という考えです。しかし現実に、非暴力が功を奏するのはこの方法です。ガンディーは南アフリカで、理性の力で心を変えることは所詮できないと悟りました。人種差別は多くの人を苦しめていましたが、その苦しみを「目に見える形にする」のがサティヤーグラハの役目だったのです。目に見える形にすることによって、遅かれ早かれ、苦しみを与えている人が苦しんでいる人に同情せざるを得なくなるからです。というのも、人間の心の奥には人類共通の人間愛が、たとえどれほど深く埋もれていたとしても、必ず宿っているからです。

非暴力による抵抗闘争には、受け身的な要素はまったくありません。「わたしの考えでは、非暴力は報復よりももっと積極的で、もっと真剣な闘いです。報復は本質的に悪を増幅させるだけだからです」と、ガンディーは言っています。これは重要なポイントです。暴力は状況を悪化させるだけで、さらなる暴力を必ず誘発させます。サティヤーグラハは、厳密には「非暴力」のことではありません。サティヤーグラハは手法です。ノンバイオレンスと英語に訳されている言葉は、サンスクリット語でアヒンサー（不《ふ》殺生《せっしょう》）と言い、仏教においてもその教えの中心をなすものです。それは行為においてだけでなく、言葉や思いにおいても、暴力が完全に欠如している状態のことです。ノンバイオレンスという言葉が、ただ単に「暴力をふるわないこと」だけを意味するように聞こえるのと同様アヒンサーも「殺生をしないこと」だけを意味するように聞こえるかもしれません。しかし、英語の単語「flawless（欠陥がないこと）」が、「完璧」を意味するように、アヒンサーも完璧を意味します。アヒンサーは「無条件の愛」、サティヤーグラハは「行動する愛」です。

ガンディーのメッセージ

ガンディーの真の使命は、インドを独立させることにあったのではありません。インドの独立はかれの大きな功績でしたが、インドは本質的に、この不完全な現実世界において、世界の人々に非暴力の力を見せる場、模範を示す場でした。わたしはこのことについてほとんど触れていませんが、ガンディーの物語には、人間の本質はわたしたちが思っている以上に崇高だということを示す奇跡がたくさん見られます。わたしたちの未来は、その奇跡を発見できるかどうかにかかっているのです。

「アヒンサーには新しいことは何もありません。自然の山々と同じように古いのです」とガンディーは言っています。歴史を通じて、すべての恒久的な関係やすべての地域、社会、さらに文明そのものは、より善《よ》いもののために暴力を放棄することの上に成り立ってきました。対立というものは大小を問わずすべて、人間を進化させるための機会でもあり、後退させる機会でもあるのです。この意味において、文明は今、岐路に立たされていると言えるでしょう。というのも、今日、怒りをかかえたほんの一握りの人々が、あるいはたったひとりの人間ですらも、地球の反対側に破壊をもたらすことができるのですから。わたしたちは、家庭においても学校においても、もう暴力に驚かなくなりました。人類は暴力の文化を作ってきたのです。今、方向転換をしないかぎり、暴力は何世紀にもわたり人類が苦労して築いてきた多くの進歩を破壊してしまうでしょう。

今日的な言葉を使うなら、ガンディーは「平和のテクノロジー」の基礎をわたしたちに与えてくれたと言えるでしょう。それはあらゆる種類の対立を解決する道具です。そしてどんな人でもその使い方を学ぶことができるのです。しかしそれには、まずかれのメッセージを理解することが先決です。つまり、非暴力は戦略などではなく、いかに考え、いかに生きるか、問題解決や人間関係の修復において、いかに愛情を用いるかということです。そしてさらに、それがおしなべて生活の質を向上させることでもあります。けれども、わたしたちがそれを実行するときは、なにもガンディーのように大舞台からはじめなくていいのです。ガンディー自身も、最初は私的な人間関係からはじめました。自分の家や心のなかで怒りの炎がくすぶっていては、外の怒りや憎しみを消すことはできないことを知っていたからです。かれの非暴力は、政治的な武器とか、社会改革へのテクニックなどではなく、文明の基礎となる技術、もっとも本質的な技術なのです。

言いかえれば、非暴力は、読み書きと同じように学習可能なスキルです。愛もスキル、許しもスキル、怒りを転換することもスキル――これらはすべて習得が可能です。ですから、非暴力の実践は自分には無理だなどと言うことはできません。そう言うのは、ただ学ぶ意志がないだけです。

最後にガンディーは、すべての宗教において道を求めている人に、修行は、必ずしも修道院や洞窟に隠棲《いんせい》しなくてもできると示してくれました。わたしたちは、家庭や、地域社会や、無私の仕事のなかで、道を深めていくことができるのです。さらに、精神性のあるなしを問わず、「人生の究極の目的は、家族や社会に役立つことにある」とする人々に、ガンディーはより気高い人間像を示してくれました。それは、「人間の歓びは、すべての人の幸せのために生きること」だという、人間に生まれつき備わっている良心への賛美です。これがわたしたちへの、ガンディーの究極的なメッセージです。ガンディーの次の言葉ほど意味深いものはないでしょう。

「わたしが今までに成し遂げたことは、わたしと同じだけの信念と希望を培い、わたしと同じだけの努力を払えば、だれでも必ず成し遂げられます。わたしはそのことを微塵《みじん》も疑いません」

この言葉が、自分の経験から正しいと確信しないかぎり、一言も発することのなかった人間から出たものだということを、忘れないでください。

ガンディーが育ったポールバンダールの町並み

「わたしは1869年10月2日、ポールバンダールという町――スダマプリとも呼ばれています――で生れ、少年時代を過ごしました。学校に入れられたことは覚えています。かけ算の九九を暗記するのにかなり苦労しました。その頃のことで覚えているのは、級友たちと先生にいろいろなあだ名をつけていたことぐらいですから、知能の発育が悪く記憶力も劣っていたに違いありません」

第一章　変容の時代――幼年期、ロンドン留学、南アフリカ

恥ずかしがり屋の少年

モハンダス・カラムチャンド・ガンディーは、何らこれといった特徴もない普通の少年だった。しいて言うなら、極端な恥ずかしがり屋だったというくらいだろうか。とりたてて才能があったわけでもなく、学校の成績は平均以下。まじめで、自意識が強く、両親を深く敬愛する少年だった。生まれ育った静かな海辺の町での出来事のほかは、ぼんやりとしか認識していなかった。それは十九世紀の終わり、富と権力の絶頂にあった大英帝国が世界に勢力を広げていた頃のことである。インドがイギリスの支配下におかれて二世紀目に入っていた。

「わたしは大変な恥ずかしがり屋で、級友と交わることすらも避けていました。本と授業だけが友だちでした。始業の鐘とともに学校に入り、授業が終わると一目散に走って帰るといった毎日でした。文字通り、走って帰ったのです。だれと話すことも耐えられませんでした。からかわれるのではないかという不安さえもありました」

「おまけに臆病でした。わたしは泥棒と幽霊と蛇に対する恐怖にとりつかれていました。ですから夜あえて外出するなどいうことはありませんでした。暗闇はわたしにとって恐怖でした。暗いところで寝るなど、およそ不可能でした。幽霊があるところから、泥棒が別のところから、さらに蛇がまた違うところから出てくるに違いないと想像してしまうのです。ですから部屋に明かりがついていないと寝られませんでした」

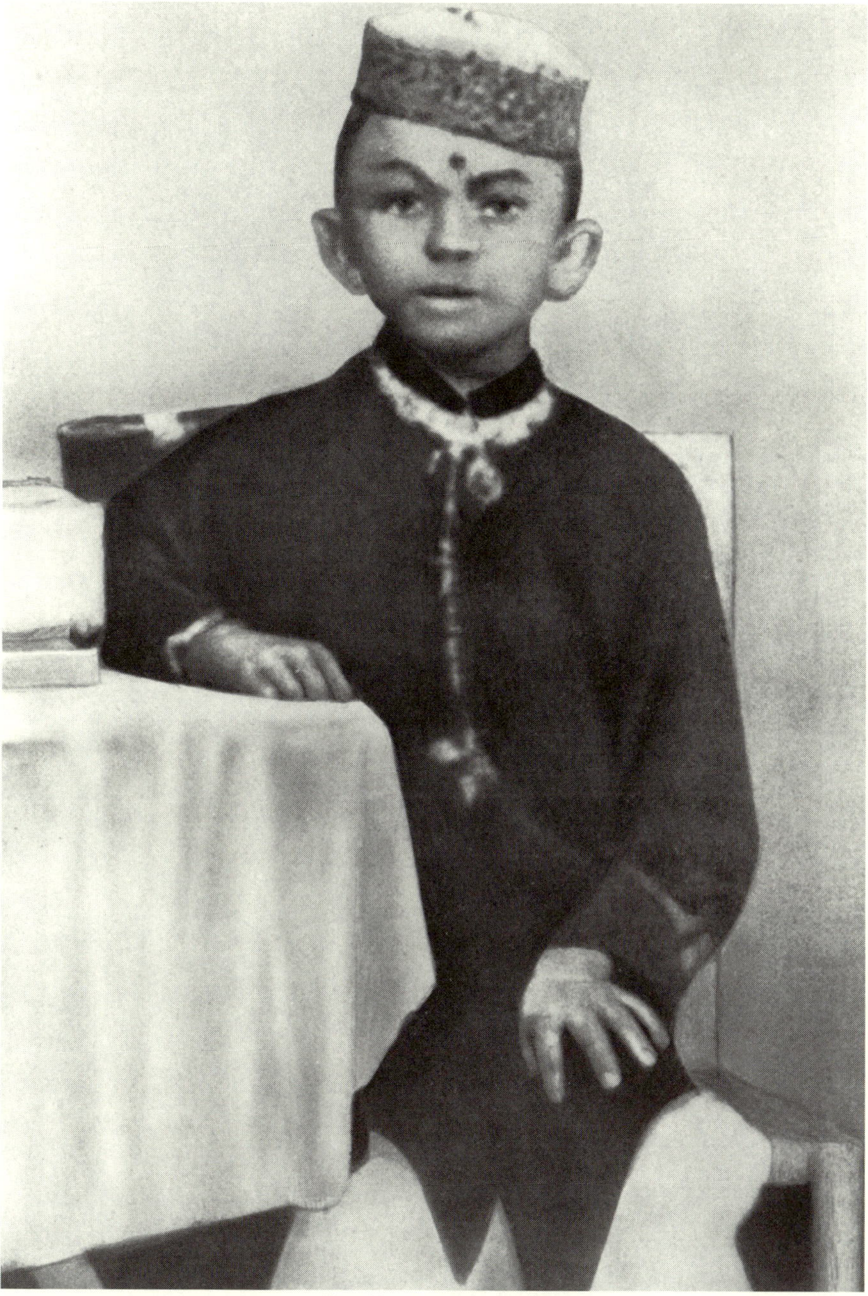

7歳のガンディー。1876年

32歳のカストゥルバイ・ガンディー。1902年

まだ高校生だった13歳のとき、ガンディーは結婚した。それはガンディーがのちに書いているように、「非常識なまでに早い」結婚だった。けれども、妻のカストゥルバイは魅力的な少女だったので、ガンディーはたちまち情熱的で、嫉妬深く、口やかましい夫の役割を身につけていった。それぞれに自我と個性のある子ども同士の結婚が、最初から順風満帆であるはずがない。おまけに若いガンディーには、自分がカストゥルバイを指導する立場にあるという気負いもあった。ずっとのちになって、ガンディーは辛抱強いカストゥルバイから、逆に自分のほうが教えられていたことに気づくのである。若い日々に経験した彼女の忍耐力、強さ、包容力は、ガンディーの心に深く浸透し、根を下ろしていった。しかしそれが花開くのは、南アフリカで繰り広げることになった政治闘争まで待たなければならなかった。

「わたしは彼女に夢中でした。学校にいるときも、彼女のことをずっと考えていました。日が暮れてから二人だけで過ごす時間のことが、頭から離れませんでした。別々にいることに耐えられなかったのです。そして夜は遅くまでとりとめのない話をして、彼女を寝かそうとしませんでした」
「かたわらで眠っている妻、もう子どもではなく、すでに大人への入り口に立っている妻に、どうしてわたしの不安を隠すことができたでしょう。彼女の方がわたしよりもはるかに勇気があることを知り、恥ずかしくなりました。彼女は蛇も幽霊も怖くなかったのです。そして暗いところにも平気で出て行くことができました」

イギリスでの「実験」

ガンディーは、ごく普通の成績で高校を卒業したが、粘り強く勉強して大学進学を果たした。医者になりたいという漠然とした夢はあったが、実現にはいたらなかった。すべての授業を落としたからである。どの科目も難しすぎてついていけず、どこにいても場違いな感じがぬぐえなかった。5カ月間、失敗を繰り返した末、ガンディーはついに大学をやめて家に戻った。これからどうすべきか、何の考えもなかった。

そんなガンディーに、叔父が救いの手を差し延べてくれた。ガンディーに、「ロンドンで法律の勉強をすべきだ。法廷弁護士には3年でなれるし、ロンドンで学位を取れば、イギリスの統治下にあるインドで成功するのは間違いない」と勧めた。ガンディーの母は、愛する息子と離ればなれになるつらさをこらえて、そのように説得する叔父の言葉にしぶしぶ同意した。とはいえ、留学の費用は想像をはるかに超えるものだった。旅費を捻出するために、カストゥルバイは自分の宝石類を売らねばならず、生活費はガンディーの一番上の兄が仕送りすることを約束してくれた。

それまでにガンディーがした旅行といえば、せいぜい数マイル離れている町へ二輪馬車で行ったぐらいである。18歳の若者らしく、ガンディーはイギリス行きの船旅が、興奮と冒険に満ちたすばらしいものになるに違いないと、期待に胸を膨らませていた。ところが実際にふたを開けてみると、それは孤独以外の何ものでもなかった。恥ずかしがり屋で、自意識過剰のガンディーは、教科書通りの英語しか話せないことを恥じて、だれとも打ちとけず、毎日、何時間も海を眺めながら手すりのそばで過ごしたのである。食事のときは、キャビンに戻って、母親が詰めてくれていたお菓子を食べて空腹をしのいだ。ロンドンに上陸したときには、フランネルの白いスーツを着たが、ここで白い服を着ているのは自分だけだということを知り、身の置きどころがないほど恥ずかしい思いをした。

イギリスでの最初の2、3カ月は、まさに悪夢の連続であった。身のまわりのものすべてがインドと違っていて、言うこと、なすこと、すべてが場違いだった。礼儀、服装、表情、そしてほんのちょっとした身ぶりに込められている意味——これらを、失敗を繰り返し、嘲笑《ちょうしょう》されながらも、習得していかなければならないのだ。ホームシックをふりきれず、かつて味わったことがないほどの孤独にさいなまれた。

最初の数週間、ガンディーは、イギリスに背を向けて次の船でインドに帰りたいと、何度も思った。しかし、そうするにはプライドが許さなかった。心の深いところにある何かが、ガンディーに最後まで耐え抜くよう決心させていた。

「わたしはたえず家族やインドのことを考えていました。いつも母の愛を懐かしく思い出し、夜になると涙が頬を伝いました。家族との思い出が次から次へとよみがえり、眠るどころではありませんでした。このような惨めな気持ちをだれに言えたでしょう。たとえだれかに打ち明けられたとしても、それが何の役に立ったでしょう。わたしには何の慰めもなく、何もかもが初めての経験でした……」

ロンドンで快適な生活をしている知り合いのインド人が、ガンディーの窮状を見かねて、ついに叱責《しっせき》した。「君がここに来たのは、法律を勉強するためではないんだよ。英国式の生活を身につけるためなんだ。このホテルに身を潜めていていったいどうする気かね？」

なるほどその通りである。ガンディーは知人の言葉にうなずいた。大英帝国は二百年以上もの間、インドを支配してきている。それゆえに、大半のインド人にとって、イギリスに忠誠心があろうとなかろうと、イギリスは人類文明における偉大な業績と、物質的な力の象徴だった。イギリスに留学すること自体、無言のうちにその優越性を認めていることである。ガンディーはその知人の忠告に素直に従って、さっそくイギリス人の家庭に間借りすることにした。

生涯さまざまな「実験」を試みたガンディーにとって、初めての「実験」は、異国の生活様式をまねることだった。何かに興味を覚えると、まずは自分で試してみるのが幼い頃からのガンディーの性分である。かれは今、英国紳士になろうと決心した。さっそくフランス語と雄弁術の家庭教師を雇い、高級なスーツとシルクハットをあつらえた。ネクタイの結び方を学び、鏡の前でイギリス式のヘアーブラシで格闘しながら髪を整え、鏡に映った自分の姿を誉めることも学んだ。さらにバイオリンのレッスンにもお金をつぎ込み、社交ダンスも習った。

けれども、紳士になったからといって、心の欲求が満たされたわけではなかった。心が安定するどころか、逆に自意識が強くなり、自分の身なりやふるまいがほかの人の目にどのように映るのかが、もっと気になってきた。さらに、それはお金のかかる生活様式でもある。兄の送金に頼っていたガンディーは、このように贅沢をすることに心苦しさを感じていた。内向する心と外向する心、そのギャップは次第に広がり、大きな溝となっていった。

３カ月ほどして、ガンディーは突然、華麗なる夢から覚めた。身なりを変えることによって今までの自分を変えることなど、どうしてできようか。自分の人生を変えたいのであれば、まずは考え方から変えなければならないのではないか。それは文化や習慣の違い以上に、深いところにかかわる問題である。他人のまねをするよりも、自分に忠実に生きるべきだろう。ガンディーは次のように書いている。

「わたしの性格がわたしを紳士にしてくれるのなら、大歓迎です。けれども、そうでないのなら、そのような野心は持つべきではありません」

ガンディーは、次に生活を簡素化させる「実験」にとりかかった。

最初の一歩はアパート探しだった。次に社会的地位を向上させるためにはじめたレッスンをすべてやめ、バイオリンも売り払い、勉学にいそしみはじめた。ある貧乏学生が一間だけのアパートで自炊をしていると知ると、さっそく自分もそうすることにした。そして、バスに乗らずにどこへでも歩いて行けるように、街の中心部に部屋を借りることにした。不便なこともあったが、ガンディーは逆にそれをうまく利用していった。一日に何時間も歩くようになったため、ロンドンの真冬の厳しい寒さのなかでさえも、

菜食家協会の会員たちと。最前列、右がガンディー。1890年、ロンドン

はつらつと元気に過せるようになった。歩くことは、ガンディーの生涯を通して続く習慣となった。何よりも大切なことは、これらの「実験」を通して、どんなにイギリス人のまねをしても得られなかった自信が得られたことである。健康になったばかりではなく、このように変化していく自分がうれしかった。

次にガンディーは食事を改善する「実験」にとりかかった。

菜食主義の家庭に育ったガンディーは、イギリスへ発つ前に、決してイギリス人のように肉を食べたりはしないと、母親に約束していた。それが、自分たちの強さの秘訣のひとつだと確信していたのだ。ところがイギリス人の友人も、インド人の留学生も、口をそろえて肉は身体に必要な食べ物で、とりわけイギリスのような寒いところでは不可欠だと説得してきた。

ガンディーは、かれらの言うことが正しいのではないかと半ば心配しながらも、母との約束は何があっても守ろうとあらためて決心した。

菜食料理を探し求めて、何カ月もロンドンを歩き回ったが、結局はゆでたほうれん草とパンぐらいしかない。空腹に駆られたガンディーは、ついに菜食を科学的に研究することにした。折しも、イギリス人の熱心な菜食主義者のグループがあることを知り、さっそくかれらの食事と健康に関する本を読みはじめた。そして、それが内容的にしっかりと検討され、信頼に値するものだと分かると、実際に試してみることにした。自分にとって何が一番いいのか、さまざまな菜食の組み合わせを試して、身体に悪そうなものは、いくらおいしくても退けるようにした。そしてインド料理特有の、刺激の強い香辛料を使わない食事をしているうちに、やがて食べ物の本来の味が分かるようになってきた。すると、以前はいやでたまらなかった食べ物でさえも、おいしく食べられるようになってきた。味覚は舌にあるのではなく、頭にあることを、ガンディーは発見したのである。

とはいえ、ガンディーには自分が進むべき道がはっきりしていたわけではなかった。法廷弁護士になるのは簡単だった。楽に合格することで知られている試験に受かり、ロンドンの法曹《ほうそう》学院での夕食会に最低回数、出席すればよかったからである。試験の無意味さはさておき、とにかく法律の勉強だけはしようとがんばってみたが、いくら本を読んでも生活体験と結びつかず、やる気が起らなかった。

失望したガンディーは、ロンドンの菜食家協会を通じて社会変革に手を染めようとした。が、ここでもまた自分の不器用さに打ちのめされてしまう。自分に好意的な人々に対してすらも、ごく簡単な意見さえ述べられなかったからである。どのような社会的な場面においても、ガンディーの態度はぎこちなく、言いたいこともろくに言えなかった。読むべき法律書はすべて念入りに読んだが、はたして法廷で訴訟事件を弁護する能力が自分にあるのか……疑いと不安はどうしてもぬぐい去れなかった。

ロンドンに来て３年後、ガンディーは試験に合格し、弁護士の資格を得て高等法院に名を連ねた。しかしその翌日には、すでに母国インドに向かう船上の人となっていた。母親の病気の知らせを受けていたガンディーは、心配のあまり一刻も早く母のもとへと駆けつけたかったのである。同時に、自分の中途半端さにも打ちのめされていて、将来への不安で胸がいっぱいだった。

不安は的中した。ボンベイ港に到着したのは、気も滅入りそうな熱帯のスコールの真只中だった。外の風雨は心のなかを吹きすさぶ疑いの嵐を反映しているようだったと、ガンディーはのちに記《しる》している。桟橋《さんばし》まで出迎えに来てくれた兄から、母がガンディーの帰国を待たずに逝《い》ってしまったことを告げられた。母親に対する愛情の深さを知っていた家族は、かれに訃報《ふほう》を伝えることを控えていたのである。

悲しみをおし隠し、ガンディーは法律家としてインドで成功することに気持ちを向けようとした。しかし母校の高校があるラージコートで、たちまち敗北者の苦しみを味わうことになった。というのもガンディーは、「法の原理」を実際の裁判に適用させる方法を知らなかっただけでなく、学んだ知識といえば、イギリスの法律書から得たものだけで、インドの法律についてはまったく無知だったからである。ガンディーに訴訟の弁護を依頼しようと思う者は、だれもいなかった。

ボンベイに移って仕事をはじめてみたが、そこでも状況は同じだった。同僚たちは、ガンディーを「依頼人のいない法廷弁護士」と笑いながら呼びはじめた。時間をもてあましたガンディーは、勉強のために高等法廷に毎日出かけていった。しかし訴訟は単調きわまりなく、延々と続き、居眠りをしてしまうこともしょっちゅうだった。ボンベイにおけるガンディーの「最初で最後」の仕事は、ごく単純な簡易訴訟だった。ガンディーは反対尋問のために立ち上がったものの、膝がふるえ、突然、失語症におちいり、ひとことも言葉を発することができなかった。結局、その事件をもっと経験のある弁護士に任せ、同僚たちの失笑を背に、逃げるように法廷を立ち去ったのである。

ヨハネスブルグで得た成功

評論家たちがのちに、「運命」とか「好運」とかのせいにしたがる、謎に満ちたすばらしい変容をガンディーが遂げたのは、この頃のことだった。数十年後、精神的な成長の極みに達したガンディーは、当時のことを振り返って、それは「神の恩寵《おんちょう》」、すなわち自分でも分からない、内面の深い欲求に従って繰り広げられた出来事だったと言っている。失敗に打ちのめされ、どこにも助けを求めることができなかったガンディーは、長い自己探求の旅へと、意識を内へ向ける準備ができていた。好運、すなわち神の恵みが、ガンディーにチャレンジを与えたのである。

とはいえ、当時においてはとても好運などと言えるものではなかった。兄の紹介で、地元のイスラム人の会社が、ガンディーに一年契約で南アフリカでの仕事を提供してくれた。しかしその仕事は、かれがイギリスで受けた教育に値する給料と地位をはるかに下まわる事務職だった。おまけに２人目の息子を生んだばかりのカストゥルバイとも離れて暮らさなければならなかった。しかしガンディーはその申し出に飛びついた。それは少なくとも仕事である。経験を積んで、不運に永遠に背を向けるチャンスかもしれないのだ。

しかしガンディーを待っていたのは、まったく期待はずれの状況だった。ダダ・アブドゥラ社のインド支社は、南アフリカの事務所で求められている仕事の内容を把握《はあく》しておらず、実際にガンディーに託されたのは、複雑きわまりない訴訟事件であった。長期にわたって不十分な記録しか残っていない、複雑な取引を解明するには、経理の専門的な知識が必要だった。ガンディーの仕事は、会社の顧問弁護士に助言を与えることだったが、簿記に関しては法律以上に無知だった。新しい仕事によって尊敬を勝ち取るどころか、ここではさらに、自分の皮膚の色によって日々さげすまれ、肉体的な虐待さえ受けることも分かった。ガンディーは南アフリカ到着とともに多くの問題を背負ってしまったのである。

ガンディーは、自分の行為に対してつねに客観的だった。失敗から逃げ出して、どこか別の場所へ行ったとしても、いつも同じ状況がもっと大き

ロンドンを訪れたときのガンディー。1905年

ヨハネスブルグのガンディー法律事務所の前で。活動仲間ヘンリー・ポラック（左）、ガンディーの秘書ソーニャ・シュレシン（右）とともにいるガンディー（中央）。1905年、南アフリカ

な問題となってやってくるようだった。今回は、ダダ・アブドゥラ社で12カ月間、さほど重要でもない通信業務をやることで給料がもらえ、任期がすめば帰国できる。以前の失敗と比べれば、ずっとましではないか。ところがガンディーは、そのように割り切って考える代わりに、別の方法をとることにした。それは、「環境を変えても状況がよくならないのなら、自分自身を変えてみてはどうか」ということだった。これは、頭のなかで考えたことではなく、心の奥で感じたことなので、行動に移すのは早かった。いったんそう決めると、ガンディーはさっそく、当面やらなければならない仕事に没頭していった。

すると、かつてロンドンで身につけた自己鍛錬《たんれん》が、ただちに効を奏しはじめた。簿記を独学で習得して自信がついてくると、仕事をこなしていくだけの能力が自分にあることが分かってきた。爽快な気分になったガンディーは、全神経を集中させて訴訟事件の詳細を集めて、真相を究明していった。その結果、双方のだれよりも正確に状況を把握するにいたったのである。

調査の結果は、依頼人であるダダ・アブドゥラ社にとって有利なものだった。しかし法廷闘争は何カ月にもわたりそうで、弁護士を儲《もう》けさせる以外は、だれの得にもならなかった。書類を作成したり、虚《むな》しい議論を繰り返したりすることによって、お金を儲けることにはまったく興味がなかったガンディーは、双方にとって最良の結果が得られるような解決方法をとろうと決心した。

ダダ・アブドゥラ社と相手の会社は血縁関係にあったため、裁判が長引くにつれ、一族を引き裂く溝は深まる一方だった。ガンディーはどちらの側ともじっくり話し合い、法廷で戦うのをやめて、調停にもっていくよう説得した。さらにダダ・アブドゥラ社に対しては、相手の会社が破産しなくてもすむような条件に合意するよう説得した。そしてついに、双方にとって満足のいく解決にこぎつけたのである。ガンディーは有頂天になって叫んだ。

「わたしは『法の適用』の何たるかを、ついに理解した。わたしは人間のなかにある良い面を見出して、良心に訴えることを学んだ。法律家の真の職務は、離反している二者を和合させることなのだ！」

ガンディーは、知らず知らずのうちに成功の秘訣を会得していたのである。困難な状況をすべて奉仕への機会ととらえ、知恵と想像力を自分の内から引き出していくためのチャレンジとみなした。そして、仕事から得られる儲けや名誉を度外視することによって、南アフリカの白人からもインド人からも信用され、かれらから愛情さえも獲得していることに気づいていくのである。やがてインド人社会からどんどん仕事を任されるようになり、かれらに助けが必要なときは、いつも頼りにされるようになった。２、３年後には、ガンディーは年収がおよそ2500ドルから3000ドルもある弁護士として成功し、その地位にふさわしい威厳ある西洋風の生活スタイルを身につけていた。

とりあえず満足したガンディーは、いったん帰国し、妻と２人の息子をつれて戻り、新しい家に迎えた。しかしカストゥルバイと子どもたちには、西洋風の服と生活様式は拷問《ごうもん》に近いものだった。最初のうちは何かと抵抗していたが，ガンディーが頑《がん》としてゆずらなかったため、嫌々ながらも新しい環境に適応していった。ここでは、「文明化」していること、すなわち「ヨーロッパ人のようにふるまうこと」が大切なのである。それは成功に課せられた代価であり、家族全員が払っていかなければならないものだった。とはいえ、カストゥルバイにしても、まんざらすべてが不満だったわけではなかったであろう。27歳にして夫は幸運の頂点に達し、望んでいたものがすべて手に入ったかのようだったからである。かくしてガンディーは、若い男性が目指すべきゴールにたどり着いた。

しかし南アフリカに居住するすべてのインド人に対する政治的、社会的な抑圧、とりわけ合法的な奴隷制度さながら、労働力としてインドから連れてこられた人々の絶望的な状況は、ガンディーの胸に深い傷を与えていた。ある日、雇い主からこっぴどくむち打たれ、虐待されていたインド人が、ガンディーのもとに救いを求めてやってきた。それを機に、ガンディーは多くのインド人労働者を知るようになった。そしてその人たちの家を訪ね、

弁護士をしていた頃のガンディー。1906年、ヨハネスブルグ

その家族や生活の実態を知っていった。やがてガンディーは、これらの人々の苦しみを少しでも軽減するために時間と財源を確保しようと、我を忘れて奔走しはじめた。ガンディーにとって、かれらは自分の兄弟であり、姉妹である。かれらのことが日に日に自分のこととなり、かれらの苦しみが自分の苦しみとなっていった。

その頃、ヨハネスブルグの不衛生なインド人スラムで黒死病が流行していた。病気にかかって死んでいく人々が捨てられる隔離小屋で、ひとりで病人の世話をしていた勇敢なイギリス人の看護婦が、何年もたって当時のことを回想して言っている。

黒死病がピークを迎えていたある日の夕暮れ、戸口に小さな人影が見えたので、わたしは「出ていきなさい！　ここはペストの巣窟《そうくつ》なのですから」と叫びました。するとその男性は、「大丈夫です。わたしはあなたのお手伝いにきたのです」と静かに答えました。インド人社会の指導者ガンディーだと分かったので、なかに招き入れました。するとかれはまっすぐ病人のところへ行き、今にも息を引き取ろうとしているうじ虫におおわれた病人の上にかがみ込んだのです。それを見て、わたしは「放っておきなさい。きりがありませんから」と言いました。けれども、ガンディーはその人の世話をしながら、「かれはわたしにとって、弟と同じなのです」とささやき、その人が息絶えるまで、夜通し、そこにいました。

「仕事は順調にいっていましたが、わたしの心は満足からほど遠いものでした。生活をもっと簡素にし、同胞のためになることを何か具体的におこなわなければならないという考えが、たえず心をあおっていました。らい病患者が玄関先にやってきたとき、わたしの良心は、その人に食べ物を与えて追い返すことはできませんでした。わたしはかれに住まいを提供し、傷の手当をし、面倒をみはじめました……」

「わたしは快適で安易な生活をはじめましたが、その試みは長続きしませんでした。家具や調度品を整えることにも心を傾けましたが、関心はすぐに失せてしまいました。そのような生活をはじめて間もなく、わたしは家計を切り詰めはじめました。それまで洗濯屋への支払いがかなりかさんでいたし、おまけに洗濯屋は時間にルーズだったので、シャツと襟《えり》が2、3ダースあっても足りないくらいでした。襟は毎日取りかえなければならないし、シャツは毎日とは言わないまでも、少なくとも一日おきには着がえなければなりません。無駄としか思えない二重の出費でした。そこで洗濯道具を一式買って、節約することにしました。本を買いこんで、洗濯の仕方を勉強し、それを妻にも教えました。当然、仕事が増えることにはなりましたが、新鮮な経験だったので、厭わずに楽しくやれました。

初めて洗った襟のことは一生忘れないでしょう。糊をつけすぎた上に、アイロンの温度も低すぎ、おまけに焦《こ》がすのではないかと心配して、プレスも十分にきかせられませんでした。その結果、襟は硬くぴんと張っていましたが、糊が多すぎたせいで、しょっちゅう落ちてきました。その襟をつけて法廷に行って、同僚の嘲笑を買いましたが、もうそのようなことには動じなくなりました。

洗濯屋から解放されたのと同じ要領で、散髪屋からも解放されました。イギリスに留学した人は、少なくともイギリス式の髭剃り術を習得して帰りますが、わたしが知るかぎり散髪の仕方まで習得した人はいないでしょう。でもわたしは、それも習得しなければなりませんでした。というのは、プレトリアでイギリス人がやっている散髪屋に入ったとき、横柄な態度で散髪を拒否されたからです。もちろん、わたしは傷つきましたが、すぐにバリカンを買って、鏡の前で髪を刈りました。前髪はまあまあ形になりましたが、後ろ髪は失敗しました。法廷で友人たちは、身体をゆすりながら大笑いしました。

『ガンディー君、その髪はどうしたんだね。ネズミにでもかじられたのかね』

ボーア戦争のインド人救急部隊にいるガンディー（写真中央）、30歳。1899年

わたしは言い返しました。『いや、そうじゃない。白人の散髪屋が僕の黒い髪に触りたがらなかったので、下手でも自分で散髪することにしたんだ』」

奉仕する歓び

私欲を離れて奉仕の精神で生きるという理想がガンディーの心をとらえると、かれの生活はあらゆる面で急速に変化していった。成功した弁護士としての経済的報酬、ヨーロッパ式の生活様式、複雑な家庭管理など、すべてが社会奉仕への道をふさぐ障害となり、意味を失ってしまった。生活をひとつ簡素化するごとに、時間、エネルギー、能力が節約された。最初の頃は、他者のために自分の時間や楽しみが犠牲にされることをつらく思うことも多かったが、後で味わう解放感は爽快だった。ガンディーの歓びはとどまるところを知らなかった。自分のためだけに生きるか、人のため

に生きるか、あらゆる場面でその選択ができるのである。

弁護士としての忙しい仕事の合間をぬって、ガンディーは看護のボランティア活動に参加し、『インディアン・オピニオン』という週刊時事新聞を発行した。そして1899年に、オランダ系移民のボーア人とイギリス人との間に戦争が勃発《ぼっぱつ》したときには、イギリス軍に協力して野戦病院隊で働くよう、インド人社会にボランティアを呼びかけた。ガンディーの行動は人々に影響を与え、やがて少人数ではあるが、献身的なインド人やヨーロッパ人の若者が、かれの「生き方の実験」を共有しようと集まり、ダーバン郊外に小さなファミリー共同体、アシュラムができあがっていった。さらに、自己本意に考えることが減ってくるにつれ、ガンディーの心に宗教心が芽生えてきた。そしてあらゆる宗教の聖典や経典を勉強しはじめ、それらの教えを実生活の体験と照らし合わせるようになった。

「あなた自身のことは少しも心配する必要がありません。すべての心配を神にゆだねなさい――この言葉はすべての宗教に共通している教えです。

この教えを恐れることはありません。かげりのない良心をもって奉仕している人は、日に日にその必要性をより深く理解していくことでしょう。そして信仰心もより篤《あつ》くなっていくことでしょう。利己的な興味を捨てきれない人や、自分の生まれもった境遇の意味を理解しない人には、奉仕の道は歩めません。意識する、しないにかかわらず、人間は皆、人のために尽くしているのです。その習慣を意図的に培っていくなら、奉仕への意欲は着実に高まり、自分が幸せになるだけでなく、世界全体をも幸せにすることができます」

「奉仕する者は、自分の快適さについて考えるような無駄はしません。それが得られるかどうかは、神に任せます。ですから、その人はどのようなことが起っても煩わされません。自分にとって絶対に必要なものだけを取り、それ以外のものには手をつけません。たとえ不便をこうむっても、平静で、憤ることも心乱されることもありません。徳を積むことと同じように、奉仕そのものが報酬であり、それに充足していられるのです」

「本当に必要でないものは受け取るべきでも所有するべきでもありません。必要でない食べ物、衣類、家具を所有することは、この原則に反します。たとえば、椅子がなくても生活ができるなら、椅子は持つべきではないのです。この原則を守っていくと、生活は着実に単純化されてくるでしょう」

妻の忍耐

高価なヨーロッパ風の衣服をまとったガンディーの姿は、もはや見られなくなった。家庭生活のあらゆる面で、簡素化を実行していったのである。ナイフとフォークの使い方を習得し、夫の西洋式生活への熱意に負けて、インド式の家事を諦めていたカストゥルバイは、今や覚えたことをすべて白紙にもどし、もとの生活に戻らなければならなかった。次にガンディーは、社会的平等と苦役を尊重する自らの信念にそって、彼女に便器の掃除をやらせた。それはカースト制のなかで一番身分の低いものがやる仕事である。カストゥルバイはあまりのことに、いったんは激しく抗議したが、夫への愛情からしぶしぶそれを受け入れた。ガンディーはのちに、忍耐においてカストゥルバイの右に出るものはいないと言っている。

とはいえ、家庭生活は平穏さからほど遠いものだった。ある日、ナタールに住むインド人たちが、ガンディーに山のような贈り物を送ってきた。それはガンディーがおこなった仕事に対する感謝の気持ちの表れに過ぎないのだが、その夜、ガンディーを一睡もさせず、部屋のなかを歩き回らせることとなった。妻や息子たちには、私欲のない奉仕そのものが報酬だと、つねづね諭してきていた。ところが、私欲を離れてインド人社会への奉仕

カストゥルバイとともに。1913年

のために自分がやってきたことに対して、お礼の品が送られてきたのである。それらを受け取ることなど、どうしてできようか。贈り物は金や銀など高価なもので、なかにはカストゥルバイに贈られたダイヤモンドのネックレスもあった。簡単に諦められるものではない。かといって受け取ることはなおさら難しい。夜も明けようとする頃になってようやく、ガンディーは机に向かい、それらの贈り物が地域の奉仕活動に使われるよう、信託管理するトラストを設立するための草稿文を書いた。

カストゥルバイに宝石類を諦めるよう説得しなければならなかったガンディーの心境たるや、いかなるものだったのだろう。彼女はかたくなだった。それらの贈り物は、数年にわたるかれらの無償の奉仕活動に対して与えられた最初の報酬であり、カストゥルバイ自身、少なくともガンディー

カストゥルバイ。1915年

と同じだけ苦労に耐えてきたのである。カストゥルバイは夫にそれらを受け取るよう切々と訴えたが、聞き入れてもらえず、泣きくずれてしまった。そしてとうとう夫の命令に従った。説得されたというよりも、むしろ疲れはててしまったからである。「わたしはこの最初の一歩を、その後一度たりとも後悔したことはありません。そして時が経つにつれ、妻にもこのときの決断の賢明さが分かってきました。それは多くの誘惑からわたしたちを救ってくれることになったのです」と、ガンディーは書いている。

「人は一方で悪いことをしながら、もう一方で善いことはできません。人生は分かつことのできないひとつなのですから」

自分自身を変える

南アフリカの国内紛争はガンディーにとって、自分のためではなく、他者への奉仕のために生きるという厳しい「生き方」を習得していく場であった。かれはそこでの経験を後年、世界規模で応用し、ついに世界全体を自分の家族とみなすにいたったのである。

南アフリカを去って何年もたった頃、ガンディーは、世界の指導者に人権憲章の起草を呼びかける趣旨書を受け取った。それに対してガンディーは、「わたしの経験では、人権憲章を作るよりも『義務憲章』を作ることのほうがはるかに大切です」と、返事を書き送っている。

それはカストゥルバイから学んだことだった。ロンドンでの留学生活から帰ったばかりのガンディーは、教養を完璧に身につけ、自己の「正当な権利」に対してきわめて敏感だった。そして、そのような自分の立場を最初に印象づけようとしたのは、妻に対してだった。しかし、カストゥルバイも自分の意志をはっきりと持っている女性である。イギリスから戻ったとたん権利を主張しはじめた夫に、カストゥルバイも当然のことながら、「負けてはならじ」と、同じことをやりはじめた。同じ屋根の下で、同時に、である。衝突はたびたび激しさを増し、挙句の果ては、カストゥルバイが涙にくれてしまう。そしてそれがまた、ガンディーをいらだたせることに

イギリスを訪れたガンディー。1909年

なった。あるとき、腹立ちまぎれにガンディーはカストゥルバイを怒鳴りつけた。

「こんなばかげたことはこの家では許さないぞ！」

「それじゃあ、あなたがひとりで住めばいいでしょう。わたしは出ていくわ！」

怒りに任せてガンディーは、泣きじゃくるカストゥルバイの腕をつかみ、玄関まで引きずっていった。

「あなたには恥というものがないのね」涙にむせびながらカストゥルバイが叫んだ。「わたしにどこへ行けと言うの。ここにはわたしが身を寄せる家族はないというのに。いくら暴力をふるわれても、妻だから我慢しろと言うのね。お願いだから正気に戻って。そして門を閉めてちょうだい。こんな喧嘩をしているところを人に見られたらどうするの」

このエピソードはガンディー自身が語ったものである。当時ガンディーは、夫が自分の意見を妻に押しつけるのは当然の権利だと考えていた。ところがいくら経っても、二人の間に巻き起る嵐はやむどころではなく、ようやくガンディーは、自分のかたくなな権利主張が妻を苦しめていたことに気づくのである。ついに、「権利」を行使する代わりに「義務」を全うしようという考えが、ガンディーの心に芽生えた。ガンディーにとって、知ることは感じることであり、感じることは行動すること、行動することはすなわち生きることであった。ただちにガンディーは、今までのように、自分があらたに得た信条や価値観をカストゥルバイに強いるのではなく、まず自分自身が模範を示すことで、妻を説得しようと試みはじめた。

それは長く苦しい道のりだった。ものごとを自分の立場からではなく、妻の立場から見ていくためには、長年のうちに身につけてきた自分の好き嫌いを脇におかなければならないことがしょっちゅうだった。そうしているうちにガンディーは、自分が妻に何かを強要したときを除くと、二人の間に軋轢《あつれき》がほとんどなくなってきていることに気がついていった。そしていつもカストゥルバイが、愛情を夫に注ぐことによっていさかいに勝とうとしていたことを理解したのである。他者を変えようとするには、まず自

ヨハネスブルグ近郊にあるトルストイ農園にて、末息子デヴダース（後列右）、犬を撫でている農園の持ち主で建築家のヘルマン・カレンバッハ（左）などとともにいるガンディー（前列右）。おそらく1910年

分自身を変えなければならない――これはガンディーの「生涯にわたる実験」のなかで、もっとも本質に迫る発見のひとつだった。

ガンディーの「実験」は、うわべの生活から遠く離れた、人がめったに踏み込むことのない心の奥へとかれを誘《いざな》っていった。そこは通常の経済価値、名声、快楽といったことが何の意味もなさない世界である。真理や幸福については、多くの作家や哲学者が何ページにもおよぶ書物を書いているが、著者自身の人生までも変えたと思えるものはまれである。ガンディーは観念的な理念には興味がなかった。かれが知りたかったのは、「いかに生きるべきか？」ということであり、その目標に近づくためには、必要とあれば人格のすべてを変えていく用意ができていた。そして何か指針になるものはないかと、古今東西の宗教における偉人、聖人の生涯や業績を詳しく調べはじめた。そしてついに探しあてたものは、なんと母国インドに五千年以上も途切れることなく続いてきた精神的な伝統であった。

インドの古典『バガヴァッド・ギーター』は、幼い頃よりずっとガンディーの身近にあった書物である。しかし皮肉なことに、ガンディーは留学中にイギリス人の友人たちと英語の訳本を読みはじめるまで、ギーターの実用性について考えたことがなかった。初めてギーターを読んだとき、言葉がすっと心に響いてきたと、ガンディーは回想している。ギーターの教えが、さらにガンディーの行動に影響を及ぼしはじめたのは、南アフリカでのことである。真理の探究を深めていくにつれ、ギーターはガンディーにとって「精神の参考書」、遭遇する危険やチャレンジへの実用的な手引書となっていった。

「友人たちはギーターを読むことによって得られた効果について語るだけですが、わたしにとってギーターは行為の絶対的な指針となりました。日常生活のための辞書となったのです。知らない英語の単語を辞書で調べるように、わたしはあらゆる問題や試練に対する答えを見つけるために、この『行為の辞書』を繰りました。アパリグラハ（無所有）やサマバヴァ（平静）といった言葉が心をとらえました。問題は、どのようにすれば平静な心を養いそれを維持することができるかということです。国民を侮辱する横柄で腐敗した役人や、昨日くだらない議論をふっかけてきた同僚を、どうすればいつも人に親切で優しく接している人々と同じように扱うことができるのでしょうか？　人は、どうすればすべての所有物を放棄することができるのでしょうか？　……所有しているものすべてを諦めて、神に従うべきなのでしょうか？　答えはただちに得られました。所有しているものすべてを諦めなければ、神に従うことはできないと。

イギリスで学んだ法律が役立ってきました……ギーターに説かれている無所有の意味が、理解できたのです。われわれ救いを求める者は、たとえ巨額の富を自由に使える立場にいても、それを微塵たりとも自分の所有物と考えず、管財人のようにふるまうべきだということです」

深い内省を経て

ギーターには、人生の海原を航行する方法が詳しく説かれている。ギーターの舞台となった戦場は、わたしたちひとりひとりの心の状態を表しているのである。そこでは光と闇、愛と離反が、わたしたちの思考や行動を支配しようと、たえず闘っている。ギーターは、王子アルジュナとクリシュナ神との間で繰り広げられる対話で構成され、アルジュナはすべての人間を代表する存在として、クリシュナ神に真の生き方を問うのである。クリシュナ神とは、アルジュナの心のなかにある愛の神、つまり「真我（本当の自分）」がこの世に姿を表した存在である。行動派のアルジュナは、抽象的な論議や空論には興味がない。ただ、どうすれば不安や恐れから解放されて、人生の一瞬一瞬を意味あるものにすることができるのかを知りたいのである。それは人生で遭遇《そうぐう》するさまざまな問題に対する実質的な問いかけでもある。

クリシュナ神の答えは、簡潔で的を射ている。かれはアルジュナに言う。

南アフリカからインドに戻った頃のガンディーとカストゥルバイ。1915年

「われわれは闘うために生まれてきたのだ。このことに関しては選択の余地がない。心に潜むすべての欲望は、葛藤を引き起こす。けれどもわれわれは、闘う相手を、そしていかに闘うべきかを、選ぶことができるのだ。怒りを、他者に向けることもできるし、自分のなかにある利己的な気持ちや、怒りそのものに向けることもできる。わが手を、他者を打つために使うこともできるし、かれらの涙を拭うために使うこともできる」
それは行為への呼びかけである。そしてそれは、クリシュナ神がギーターに登場する英雄たちに、「愛」について感傷的な言葉ではなく、戦いの言葉で描写している理由でもある。

よこしまな考えをもたず、憎しみに対し愛で応える者を、わたしは愛す。「わたし」、「わたしのもの」という囚《とら》われ、苦痛や快楽を超えたところで生き、慈愛に満ち、充足し、自制がきき、固い決意をもって、心をすべてわたしに捧げている、そのような者をわたしは愛す。

世間を騒がすことも、世事に心を乱すこともなく、心の高揚や、競争や、恐れを超越し、良いことも、悪いことも、ありのままに受け入れる。純粋で、有能で、無執着で、わたしの仕事のつつましい道具となって、わたしの命令を受け入れる準備ができている者……。

敵に対しても、味方に対しても、同等の愛をもって仕え、賞賛に舞い上がらず、非難にも落胆しない。暑さや寒さ、歓びや苦しみにも、同じようにふるまい、利己的な執着やエゴからも解放され、満ち足り、どこにおいても調和を保ち、確固たる信念を持っている。そのような者をわたしは愛す。

ガンディーが、ギーターに述べられているこのような途方もなく高邁な理想を、実際の行動に生かすことができたのは、南アフリカにおいてだった。ボーア戦争での救助活動が評価されたことに勇気づけられたガンディーは、ナタール州政府がズールー族の「暴動」を鎮圧するのに協力し、再び人員を募ってインド人救急部隊を結成した。しかし今回は戦場に何の名誉も見いだすことができなかった。このズールー族の「暴動」は、イギリス人による「ズールー族狩り」を正当化する口実でしかなく、戦争の悲惨さに対してガンディーの目を開かせることになったからである。ガンディーは毎朝、イギリスの軍隊がズールー族の村を次々と破壊し、一掃していく銃砲の音で目を覚ました。ガンディー率いる救急部隊のボランティアたちは、執念深いイギリス兵によって情け容赦なく虐待された何の罪もない原住民の身体を運びながら、ときには一日40マイルも歩いた。原住民たちが受けた苦しみの、あまりの理不尽さにガンディーはいてもたってもいられなくなった。昼夜を問わず、ナタールの荒涼たる砂漠の丘陵地帯で担架をかつぎながら、ガンディーは奉仕に向けてもっと大きな力が得られるよう熱心に祈り、自己の生き方を内省することに没頭していった。

その熱い願いは、ガンディーをエネルギーの根源へと誘っていった。深い瞑想のなかでガンディーは、今までどれほど多くの生命エネルギーが、性的衝動に囚われていたかを理解しはじめた。内からほとばしり出る叡智によって、セックスというものが本能的な衝動だけでなく、ヒンドゥー経典でクンダリーニ（進化の生命力）と呼ばれている、すべての愛と創造力の根底にある壮大な霊的な力の表れだということを理解したのである。それまでセックスは抑えきれない衝動として君臨し、たえずガンディーを翻弄していた。しかしナタール丘陵の静寂のなかで、奉仕への燃えるような情熱を胸に、何週間にもわたり負傷者や瀕死の人々の介抱に専心するうちに、ガンディーはそのパワーを根源から引き出していく強さを見出したのである。ただちにガンディーは、自分がその力の主人であり、二度とその奴隷にはなるまいと決意した。その決意は、ガンディーの深いところにある緊張を解きほぐし、内なる愛情がすべて、意識的なコントロールのもとで解き放たれた。ガンディーはついに、最後の激情を霊的な力に転換しはじめたのである。

ヨハネスブルグで弁護士をしていた頃のガンディー。1900年

第二章　愛の道——南アフリカとインドにおける非暴力

マリッツバーグ駅での一夜

ガンディーにとって、運命の分かれ道ともいうべき決定的瞬間が南アフリカでの最初の年（1893年）にやってきた。ダダ・アブドゥラ社の仕事で、ナタール州の内陸部を鉄道と乗合馬車で旅行していたときのことである。ここではヨーロッパ系の居住者は一等車で旅行し、インド人は三等車に乗るものとされていたが、ダダ・アブドゥラ社はガンディーに一等車の切符を手配していた。一等車のコンパートメントに乗り込んだガンディーは、列車が夕暮れ時に高原の町マリッツバーグに着くまで、ひとりでゆったりと過ごした。マリッツバーグ駅に着くと、ひとりのヨーロッパ人の乗客が乗り込んできた。その男性は、自分と同じコンパートメントに色の黒い男が座っているのを見たとたん、踵《きびす》を返し、数人の乗務員を連れて戻ってきた。

「ここはお前が座る場所ではない。三等車へ移るのだ」乗務員のひとりが鋭い口調で命令した。

「どうしてですか？　わたしはここの座席券を持っているのですよ」ガンディーは言い返した。

「そんなことはどうでもいい。ここから出ていかないのなら警察を呼ぶぞ」

「ではそうしたらいいでしょう。わたしにはここにいる権利があるのですから。出ていくことを拒否します」ガンディーは興奮して言った。

警官がやってきて、ガンディーを列車から引きずりおろした。ガンディーは明かりすら灯っていないさびれた駅に置き去りにされ、そこで一夜を過ごさなければならなかった。外気は身を切るように冷たく、外套も荷物も乗務員たちとともに消えていた。ガンディーは暗闇のなかで寒さにふるえながら、いったい、どうして人間はこのように他人に苦しみを与えることにより、喜びや満足を得ることができるのだろうかと、悶々《もんもん》と自問し続けた。かれを激昂《げっこう》させたのは、自分がこうむった痛手や屈辱ではなかった。もっと深いところにある、人間が人間に対しておこなう非人道的な仕打ちに対してであり、肌の色や信条の違いなどを理由に人類すべてに向けられる迫害に対してであった。

夜通し考えた末、明け方にガンディーは、「今インドに帰っては逃げることになる。ここにとどまって闘うべきだ、もう後には引けない」という結論に達した。そう決めると、すぐさま行動に駆り立てられた。法廷で発言することもできなかった弁護士が、ここにいたって、人々の苦悩を軽減するために演説し、執筆し、組織を結成していく力を自らのなかに見出していくのである。

ずっとのちに、人生でもっとも創造的《クリエイティブ》な出来事は何だったかと尋ねられたとき、ガンディーはこのマリッツバーグ駅での一夜について語った。その後、多くの試練にさらされ、虐待や肉体的な攻撃に耐えてきたガンディーが、「暴力には決して屈しまい、暴力を正当化するどのような理由も持つまい」と心に決めたのは、あのナタール丘陵での長い一夜だったのである。

「わたしは暴力に反対します。なぜなら、たとえ功を奏したように見えても、その効果は一時的でしかなく、及ぼす悪影響は永遠に続くからです」
「わたしは成功への暴力的な近道を信じません……その動機が、どれほど賛同と賞賛に値するものであろうと、暴力的な手段には断固として反対します。たとえ高尚な目的のためであろうと……永続的な善が偽りや暴力からは生まれないことを、わたしは自分の経験によって確信しています」

市民的不服従

しかし、このガンディーの深い確信が大衆的な非暴力抵抗闘争となって花開くのは、それから13年後の1906年、ガンディーが37歳のときまで待たなければならなかった。ズールー族の「反乱」の救助活動から戻り、社会への奉仕に生涯を捧げようと決心した直後、ガンディーに絶好の機会が訪れた。トランスヴァールの白人政府は、それまで、まがりなりにも法律で守られていたインド人の居住権を剥奪《はくだつ》する法案を議会に提出したのである。この「暗黒法」(アジア人登録法)が通過したなら、南アフリカにおけるインド人社会の終わりである。反対闘争を繰り広げていこう、というガンディーの呼びかけに応じて、おびただしい数のインド人がヨハネスブルグに集まってきた。しかしこのとき、ガンディーにはこれといった計画は準備できていなかった。ただはっきりしていたのは、「このような法律に従うくらいなら、死んだほうがましだ」ということだけだった。

いつ暴動が発生してもおかしくない極限的な状況において、熱狂的な群衆を前に突然、ある解決法がガンディーの心にひらめいた。それは、「このような悪法に従うことは拒否する。そして、それに対して科せられる懲《ちょう》罰《ばつ》は受け入れ、暴力的な報復もしない。しかし法のもとで正当かつ平等な処遇を受ける権利は、微塵たりともゆずらない」というもので、自分たちにより大きなチャレンジを課すものであった。その場に居合わせた人々は、男性も女性も皆、闘いに挑むべく立ち上がり、たとえ命が脅かされたとしても、非暴力による抵抗を続けていくことを誓った。「かくして道徳戦争がはじまりました」と、ガンディーは誇らし気に書いている。

> 「市民的不服従(市民の権利としての抵抗)は、人間が生まれながらに持っている権利です。人間であるかぎり、放棄すべきではありません。市民的不服従からは無政府状態《アナーキー》は生まれません。反対に犯罪的不服従は無政府状態を招きます。国家というものは皆、犯罪的な不服従を力で押さえようとします。そうしなければ滅びてしまうからです。逆に、市民的不服従を制圧することは、良心

サティヤーグラハ闘争中のガンディー。1913～14年、南アフリカ

を牢獄に入れることと同じです」

「不服従が社会的に認められるためには、誠実で、礼儀正しく、控えめで、決して傲慢であってはなりません。よく理解できる原理に基づき、気まぐれでなく、そして何よりも大切なのは、悪意や憎しみが背後にあってはならないということです」

憎しみには愛を

闘争はたちまち南アフリカ中に広がった。ガンディーが提唱したのはまったく新しい闘いの方法だった。それは、「憎しみを憎しみで、暴力を暴力で煽《あお》るのではなく、代わりに、憎しみには愛を、侮辱には尊敬をもって接し、不正に屈することを断固として拒否する。そうすることによって、不当な搾取《さくしゅ》に打ち勝つ」というものだった。この抵抗闘争は、参加者に大きな勇気と深い献身を問うものであったため、一時的につまずくことはあっても、逆に参加者の決意をますます奮い立たせることになった。子どもを含む何千人もの人々が、南アフリカ政府の搾取に対して、身を律しながら抵抗し、公然と禁固刑を求めていったのである。

この闘争で、ガンディーが最初におこなったことは、トランスヴァール州政府の指揮官ヤン・スマッツ将軍のもとへ直行することだった。ガンディー独特のスタイルは、その頃にはすでにできあがっていたようだ。この有能なボーア人の将軍を前に、ガンディーはもの静かに言った。

「わたしはあなたの政府と闘うことを、あなたに伝えるためにやって来ました」

スマッツ将軍は何か不思議なことを聞いているように思ったに違いなく、「わざわざそんなことを言うためにここにきたのかね？　ほかに言いたいことはあるかね？」と、笑いながら尋ねた。

「ええ、あります」ガンディーは言った。「わたしは勝つつもりです」

スマッツ将軍は驚き、そしてようやく「で、どうやって？」と聞いた。

ガンディーはにっこり笑って答えた。「あなたの助けを借りて、です」

後年、スマッツ将軍はユーモアを交えながら、実際にガンディーが言っ

インド人の待遇に抗議するためにトランスヴァールへ行進する人々。1913年11月

た通りになったことを認めた。その勇気、決意、不当な利益を受け取らない公正さ、そして何よりも、屈することも報復することもなく、「意志を貫き通す」その無限の力によって、ガンディーはついに将軍の友情と尊敬を勝ち取ったのである。1914年、インド人にとってもっとも侮辱的な法律は廃止され、基本的な市民権「インド人救済法」が可決された。

「真理はひとりひとりの心に宿っています。ですから、人は自分の心のうちに真理を探し求めなければなりません。そして真理が見つかったときには、それに導かれなければなりません。けれども自分が真理だと考えていることを人に強要する権利は、だれにもありません」

南アフリカを去るガンディーの送別集会。約５千人が集まった。そのほとんどがインド人の年季契約移民。中央の柱のそばに立っているのがガンディー。1914年６月 ▶

ヘルマン・カレンバッハとともにサティヤーグラハ遊説中の
ガンディー（左）。1913年、マリッツバーグ駅にて

非暴力への確信

不正に打ち勝つためのこの新しい戦略を、ガンディーは「サティヤーグラハ」と名づけた。サティヤーグラハとは「真理を堅持する」という意味で、それは「魂の力」のことでもある。サティヤー（satya）とはサンスクリット語で「真理」を意味し､その語根サット（sat）は「存在するもの」という意味をもつ。サティヤーの根底にあるのは、「存在するのは真理のみ」という考えである。真理とは、ある特定の時間、場所、状況においてのみ通用する善ではなく、けっして変わることがない。「悪、不正、憎しみといったものは、人がその存在を認めているから存在するのであり、そ

れ自体、実体があるわけではない」と、ガンディーは言う。つまり意図する、しないにかかわらず、人が不正に協力しなければ、不正は存続することができないのである。

これは非暴力的不服従の背後にある重要な精神的教えである。ある国民が不正な支配を受け入れるなら、支配する側も、支配を受け入れる側も、ともに不正に関与することになる。けれども、支配される側がその関係を受け入れず、不正に協力することを拒否すると、不正から解放されるのである。

ガンディーは南アフリカでサティヤーグラハを7年間試してみて、たとえ外国の地であっても、強力で敵意に満ちた政府に対して効果があることを示した。非暴力抵抗闘争に精通したベテランとしてインドに帰国したガンディーは、国民が自分の指揮を受け入れて、自分が提示した非暴力の条件に完全に従うなら、戦争をすることも、暴力に頼ることもなく、インドをイギリスから政治的に独立させることができると確信していた。

「私欲をもたず、私的な快楽や利益にとらわれないで、目的を選びなさい。そして目的を達成するために利己的でない手段を用いなさい。たとえ成功を約束してくれるかのように見えても、決して暴力に頼ってはなりません。それはあなたの目的に矛盾するだけです。結果があまりにも遠く、不確かに思えても、人々への愛情と尊敬に根ざした手段を用いなさい。人々の幸せのために働く代償が高すぎるなどとは考えないで、その闘いに全身全霊を捧げなさい。失敗や敗北、それらのひとつひとつが、自分自身のもっとも深いところにある力へと、あなたを誘ってくれるでしょう。暴力を暴力で解決することはできません。暴力は逆に暴力をもっと煽るだけです。けれども、思想、言葉、行為において、わたしたちが完全に非暴力に徹することができるなら、インドの独立は確実です」

のちにガンディーのもっとも親しい活動仲間となった歴史家Ｊ・Ｂ・クリパラニは、ガンディーがこのように語るのを初めて聞いたとき、あまりのショックにガンディーのもとへ行き、次のように単刀直入に抗議せざるを得なかったという。「ガンディーさん、あなたは聖書やバガヴァッド・

ギーターに精通しておられるようですが、こと歴史に関しては何もご存じないようですね。暴力に頼らないで自由を獲得した国は、過去においてひとつもないのですよ」

ガンディーは微笑んで、クリパラニの言葉を穏やかに訂正した。「あなたは歴史について何もご存じないようですね。歴史についてまず知っておくべきことは、あることが過去に起らなかったからといって、それが将来、絶対に起らないとは限らないということです」

「この驚きに満ちた現代においては、あるものごとや考えが『新しい』というだけで価値がないとは、だれも言わないでしょう。また、難しいから不可能だという考えも、時代の精神に合いません。以前では夢想すらできなかったことが、今では普通に見られるようになり、『不可能』がどんどん『可能』になっています。今日わたしたちは、暴力の領域においてなされている驚異的な発見に、たえず驚かされています。けれどもそれ以上に、非暴力の領域においても、夢にも思わなかったことや不可能に思えることが、はるかに多く発見されるようになると、わたしは断言します」

行動する愛

サティヤーとアヒンサー、すなわち「真理」と「非暴力」は、ガンディーのスローガンとなった。かれにとってそれらは、「コインの裏表」のように、ある経験に基づいた事実に対する二つの見方であった。ガンディーにとってサティヤーは、「すべての命はひとつ」という、存在のもっとも深い真理を意味するものだった。それは仏陀の「人を憎めば、肉体的にも、感情的にも、精神的にも、病むのは憎んだ当人である。人を愛せば、充足するのは愛した当人である。憎しみは命を奪い、愛は命を癒す」という言葉にあるように、すでに実証されている真理でもある。

サティヤーグラハは、どのような状況においても、どれほど激しい嵐のなかであっても、「真理」を堅持するという意味である。真のサティヤー

詩人サロジニ・ナイドゥらとともに「塩の行進」をするガンディー。1930年、ダンディ

第二次世界大戦中、インドの指導者たちと交渉するためにイギリス政府より派遣されたスタッフォード・クリップス卿とともに。1942年３月、デリー

グラハ信奉者は、自分自身のために何も欲することがないため、敵意も、恨みももたず、暴力的な言葉に頼ることもなく、まわりの人々のためなら、どんな争いに巻き込まれることも恐れない。そして激しい挑発を受けたときも、「攻撃する者」と「攻撃される者」とがひとつだということを決して忘れない。これこそがアヒンサーの真の意味である。アヒンサーとは、ただ単に「暴力のない状態」のことではなく、「熱烈な愛そのもの」なのである。

サンスクリット語のアヒンサーは、「ノンバイオレンス（暴力に非《あら》ず）」と英語に翻訳されているが、この訳語から受ける消極的で受け身的なニュアンスは、原語にはない。アヒンサーには、心のなかですべての暴力が静まったとき、「存在するのは愛だけ」という意味が含まれている。その愛は、あらたに獲得しなければならないものではなく、つねにあるもの、ただ発見されさえすればいいものなのである。そして、これこそが人間の本来の姿――つまり、ただ「あの人」や「この人」といった特定の人を愛するだけでなく、「愛そのもの」――である。それゆえにサティヤーグラハは「行動する愛」である。

「サティヤーグラハ信奉者は、恐れに別れを告げます。ですから敵対している人を信じることを恐れません。敵に20回裏切られても、21回信じる用意ができています。人間性への絶対的な信頼こそが、サティヤーグラハ信奉者の信念の本質なのですから」

「サティヤーグラハにおいて大切なのは、数ではなく質です。暴力の力が激しいときはとりわけそうです。これはよく忘れられることですが、サティヤーグラハ信奉者の意図は、不正をする人を困らせることにあるのではありません。恐怖心に訴えるのではなく、つねに良心に訴えなければならないのです。サティヤーグラハの目的は、不正をおこなう人を服従させることではなく、改心させることです。サティヤーグラハ信奉者は、すべての行為において、わざとらしさを避けなければなりません。その人の行為は自然で、内的な確信から出たものであるべきです」
「サティヤーグラハは、穏やかで決して人を傷つけません。怒りや悪意から出たものであってもなりません。気むずかしくもなく短気でもなく、騒々しくもありません。衝動的な行為とは正反対のものです。それは完全に暴力に取って代わるものです」

「神の子」とともに

アヒンサーは、わたしたちの細胞ひとつひとつにしっかりと刻み込まれている「生命の法則《ダルマ》」である。ガンディーは、動物が「ジャングルの法則」に従うのは当たり前で、なぜならかれらにとっては、弱肉強食が生存の法則だからと、よく言っていた。けれども、わたしたち人間にとって暴力的であることは、進化の流れに逆行し、愛し、耐え、許すという人間のもっとも本質的な性質に逆らうものである。

「わたしは、この地上にいるすべての生命を憎まないように自分を保ってきました。祈りに満ちた自己規律の長い道のりによってわたしは40年以上もの間、人を憎むことをやめています。もちろんこれは生易しいことではありません。ですが、わたしはそれを謙虚に守り通してきました。
けれども悪については、それがどんな悪であっても、憎むことができますし、実際に憎んできました。わたしは、イギリス人がインドで実施してきた統治体制を憎んでいます。インドにおける無慈悲な搾取を、そして何百万人ものヒンドゥー教徒が責任を負うべき悲惨な不可触民《ふかしょくみん》の制度を、心の底から憎んでいます。けれどもわたしは、横柄なヒンドゥー教徒を憎むことを拒むのと同じように、横柄なイギリス人も憎みません。わたしは、自分にとって可能な愛情に満ちた方法を駆使して、かれらを作り直したいのです。わたしの『非協力』は憎しみに根ざしているのではなく、愛情に根ざしています」

ベンガル州知事R・G・ケーシーと会談中、ガンディーは「沈黙の日」を
実行していたため、メモで回答している。1945年12月、カルカッタ

何百万人にもおよぶインドの下層階級は、カースト制度のもとに、何世紀にもわたって上層階級から過酷な扱いと差別を強いられていた。「蒔《ま》いた種は刈り取らなければならない」という因果の法則を、自らの体験から学んでいたガンディーは、上層階級による貧しい大衆への搾取と、大英帝国によるインド人への搾取との間には、根底において深いつながりがあることに気づいていた。インドの自尊心と統一を取り戻すために、ガンディーがとった最初の一歩は、下層階級の人々を解放することであった。かれらは従来、「不可触賤民《せんみん》」（アンタッチャブル）という意味のサンスクリット語の言葉で呼ばれていて、この名前そのものが劣等感と屈辱感を固定させていた。ガンディーは代わりに、「神の子」を意味する「ハリジャン」という名前をかれらに与え、一夜にしてその地位を高めた。

北はヒマラヤから南はセイロンにいたるまで、ガンディーはハリジャンのために遊説してまわった。どこに行ってもガンディーの主張は同じであった。「わたしたちは皆ひとつです。人に苦痛を負わせることは、自分に苦痛を負わせることです。人を弱らせることは、自分を弱らせることであり、国全体を弱らせることです」そしてときには、何世紀にもわたり下層階級の信者に門戸を固く閉ざしていたヒンドゥー教の大寺院に入ることを拒否し、インド全体の面目を失わせた。

「ここには神はいません」ガンディーは話を聞きにくる群衆に向かって言うのであった。「もし神がおられるのなら、だれでも入ることができるからです。神は、わたしたちひとりひとりの心のなかにおられるのです」ガンディーを敬愛する人々の心に、これらの言葉は深く浸透していった。何世紀もの間、排他的だったインド中の寺院や家庭は、門戸をすべての人々に開放しはじめた。

ガンディーは行くところ行くところ、ハリジャンのために募金をしてまわった。インドの女性たちには、農村部においてはとりわけ、所有している貴金属をすべて身にまとう習慣があり、「男性の最良の銀行は妻の首である」と言われていたほどだった。多くの人々が飢え死寸前といった状況のなかで、この風習はやや華美になりすぎてはいないか、そう考えたガン

ヒンドゥー教徒とイスラム教徒の暴動の最中に、ノアカリの
小さな村で催された祈りの集会にて。1946年

三等車から下りて、ハリジャン基金のために寄付を募るガンディー。1946年２月

ディーは、機会あるごとに金のネックレスやイヤリング、腕飾りなどをお金に換え、ハリジャンのために寄付するよう女性たちを説得した。この「乞食の王子」の手からは、子どもたちすらも逃れられなかった。だれもがガンディーには抵抗できず、ガンディーが乗った汽車が駅に入ると、昼夜を問わず、あらゆる年齢層からなる群衆が、その長く伸ばされた手のなかにお金や貴金属を入れようと待ちかまえていた。

インドの汽車には三つの等級がある。一等車は支配階級、つまりイギリス人専用で、二等車は上流階級のインド人に占有されていた。三等車はその他、貧しい一般大衆用で、木製のベンチは汚れていて車内はいつも混みあっていた。ガンディーは、貧しい人々とすべての面で生活の仕方を共有することでかれらとの一体性を強調し、ハリジャンのための遊説で旅行するときは、好んで三等車に乗った。そして理由を尋ねられると、「四等車がないのでね」と答えた。

遊説中のある日、見るからに裕福そうな宣教師がやってきて、インドの村々にいる賤民たちを救うにはどうしたらよいかと、ガンディーに助言を求めた。ガンディーの答えは、その宣教師の生き方の本質を問うものであった。

「わたしたちは自分がいる場所から降りて、かれらとともに生活をしなければなりません。すべての面において、門外漢としてではなく、かれらの一員として、かれらが背負っている重荷と悲しみを共有していかなければならないのです」

これはガンディーの姿勢の真髄をなすものだった。そして何よりも、そのことを自ら率先しておこない、人々に範を示したのである。ガンディーはハリジャンのもとへ行き、かれらと生活をともにし、健康や衛生の向上を奨励した。いわばハリジャンの召使いとなったのである。ガンディーを支持する何百人という人々が、実際に国中の貧しい村々に入り込み、人々と生活をともにし、不衛生な環境、無知、迷信、そして三百年もにわたるイギリスの統治によって引き起こされた困窮から抜け出すよう、自ら模範を示しながら、教育し、勇気づけていった。ガンディーはそのなかのひとり、イギリス人女性のメアリー・バールに宛てた手紙のなかで、もしインドの国土からイギリスの山を取り除かなくても貧しい大衆の苦しみが軽減できるなら、自分は独立のために闘ったりはせずに、大英帝国に対しても忠誠を示し続けていただろうと書いている。しかしイギリスの支配下で、もっとも苦しんでいるのは貧しい人々だった。ガンディーがインド独立の闘いに引き込まれることになったのは、まさにかれらのためだったのである。

「普遍的で、宇宙に満ちている『真理の精神』としっかり向き合っていくためには、人はもっともみすぼらしい生き物をも、自分を愛するように愛していかねばなりません。真理を熱心に求める人は、生活のあらゆる面で、無関心でいられなくなります。真理に対する情熱が、わたしを政治活動へと誘っていったのもそのためです。宗教は政治とは無関係だという人は、宗教の本当の意味が分かっていません。わたしは何らためらうことなく、しかも謙虚な気持ちで、こう断言します」

悪に協力しない

インド独立に向けての闘いがはじまったばかりの頃、イギリス史のページを汚す悲惨な事件が相次いだ。ガンディーが南アフリカからインドに帰国したのは第一次世界大戦中のことで、インドには戒厳令《かいげんれい》が敷かれ、暴力革命への恐怖で国中が騒然としていた。植民地政策の残酷さを解消できるのは、もはやサティヤーグラハ以外にはないかのようであった。イギリス政府の統治に対して、全面的に協力をやめるというガンディーの挑戦に、何千もの人々が応え、刑務所はそれらの人々でいっぱいになった。処罰はただちに下され、受刑者の処遇は苛酷であった。にもかかわらず、逮捕者が出るたびに人々は触発され、官職を退き、納税を拒否し、自ら投獄されることを求めていった。

ついにガンディー自身も、動乱を扇動《せんどう》したかどで逮捕されることとなった。ガンディーの裁判は——政府がガンディーを裁判にかけたのは、後に

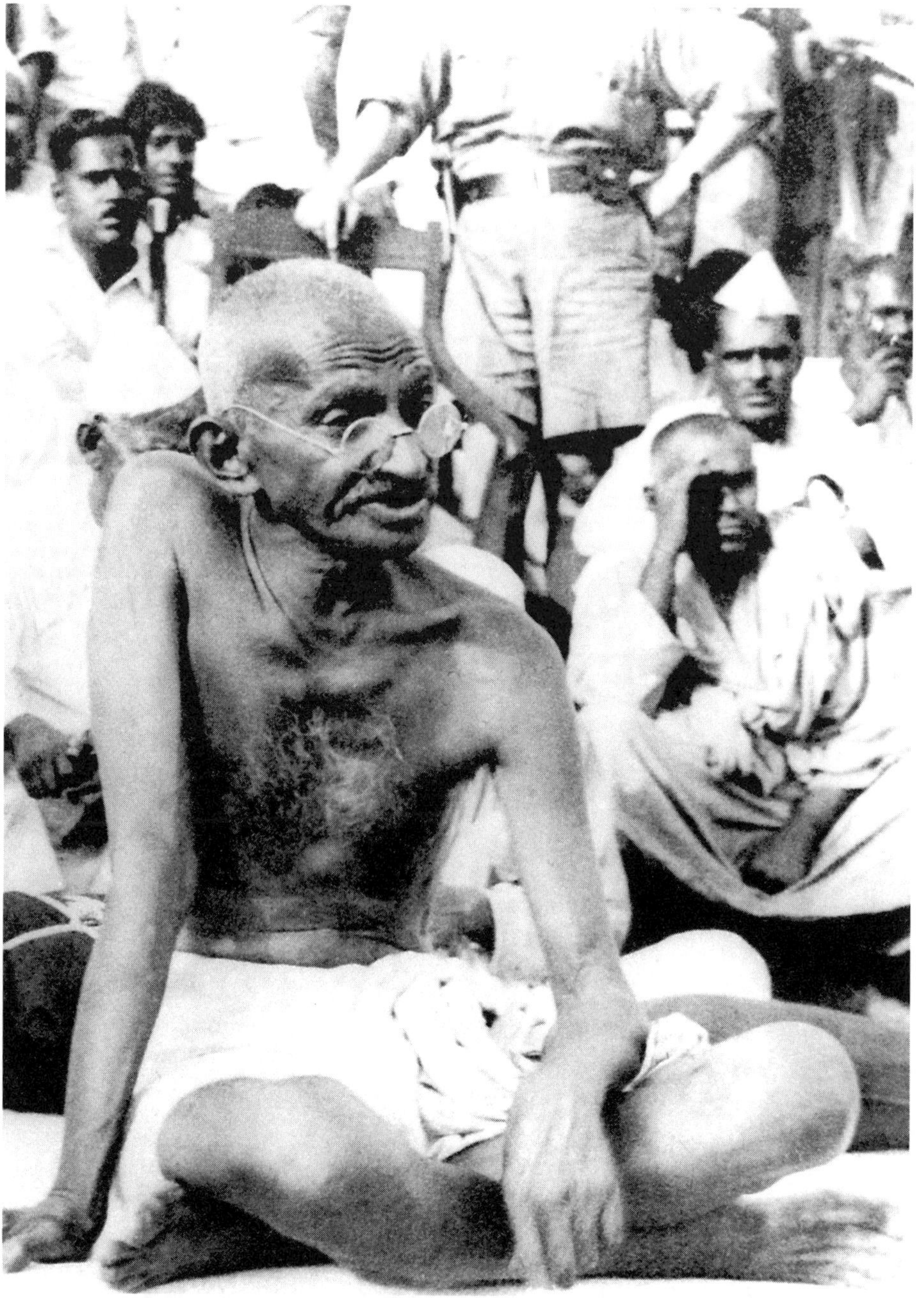

ビハールで起こった地震の直後。1934年

も先にもこれだけであった――イギリスがおこなっている搾取の実態を詳しく批判する絶好の機会を、ガンディーに与えることになった。インドの人々も、世界中の人々も、裁判にかけられているのは、実はガンディーではなく、帝国主義そのものだということを認識しはじめた。

「この法廷で、政府の現行制度に対する不満を訴えることに、わたしが情熱を傾けていることを隠すつもりは、毛頭ありません」
「都会に住んでいる人々は、半分飢えかかっているインドの大衆が、だんだん衰弱してきていることを知りません。かれらの惨《みじ》めな慰めが、外国の搾取者のために働いて得られるわずかの賃金であり、利益も仲介料も吸い取られていることを知りません。イギリスの植民地法で制定された政府が、大衆を搾取するためのものだということも、ほとんど認識していません。どれほど詭弁《きべん》を弄《ろう》しても、形の上でどれほどごまかしても、多くの村々で目の当たりにする屍《しかばね》の言い逃れにはなりません」
「わたしは、インドに対してもイギリスに対しても、それまで両者がおかれていた不自然な状態から抜け出せるように『非協力』という方法を示すことによって、貢献してきたと信じています。わたしの考えでは、悪に協力しないことは、善に協力することと同じように、人間の義務です。けれども従来の非協力は、悪をなすものを意図的に暴力で制するという形をとっていました。暴力的な非協力は悪を増幅させるだけです。そして悪は暴力によってのみ、生き延びられます。ですから、悪を支持することから身を引くためには、暴力を完全に回避することが必要です。そのことを国民に示すために、わたしは努力しています。
非暴力には、悪に協力しなかったために科せられる処罰に喜んで服従することも含まれています。ですからわたしは、自分が犯した意図的罪に対して法律上科せられるもっとも重い処罰を自ら招き、市民としての最高の義務と思えることに喜んで服従するた

第2回円卓会議のためにロンドンを訪れたガンディー。1931年

めに、ここにいるのです。あなた方、裁判官や補佐官にとって、ただひとつ可能な選択は、もしあなた方が施行するよう求められている法律が悪だと思うのであれば、職を辞して悪と縁を切ることです。そしてその場合、わたしは無罪です。逆にあなた方が施行している制度や法律が、国民のためになり、わたしがやっていることが公共の福利に反すると信じるなら、わたしにもっとも重い罰を与えるべきでしょう」

ネルーの一家

ガンディーが、自分の親しい友人や活動仲間、さらにさまざまな経歴や国籍を持つ人々を惹きつけ、あるひとつの主要な経験を共有させるようになったのは、非協力闘争がはじまって間もない頃のことだった。その経験とは、ガンディーを観察しようとやってきて、そのまま奉仕活動のために居すわってしまうことだった。ガンディーに出会うということは、革命家へと変身する危険を冒すことである。けれども実際に、おびただしい数の普通の人々が、そして子どもまでもが、このガンディーというひとりの人間によって完全に変容していったのである。ガンディーは、もっとも高いレベルの「無欲」と「愛」をすべての人に求め、それを現実に手に入れていった。敵対している人々でさえもその影響をまぬがれなかった。事実、イギリスからインドに派遣され、任務を遂行しようとする新参の役人には、「ガンディーには近寄るな。つかまってしまうぞ」と、警告が発せられるほどであった。

ジャワハルラール・ネルーも、インドでこの宿命に巻き込まれた最初のひとりだった。ジャワハルラール・ネルーの父モティラル・ネルーは、教養のある裕福なヒンドゥー教徒の家柄出身で、有能な弁護士だった。留学先のケンブリッジからインドに戻った頃のジャワハルラール・ネルーは、クリケットを楽しみ、アルプスにスキーに出かけるような若者で、母国インドやインドの人々についてはまったく無知だった。しかし英国風の暮らしをしながらも、イギリスの統治にいらだっていたネルーは、インドを改

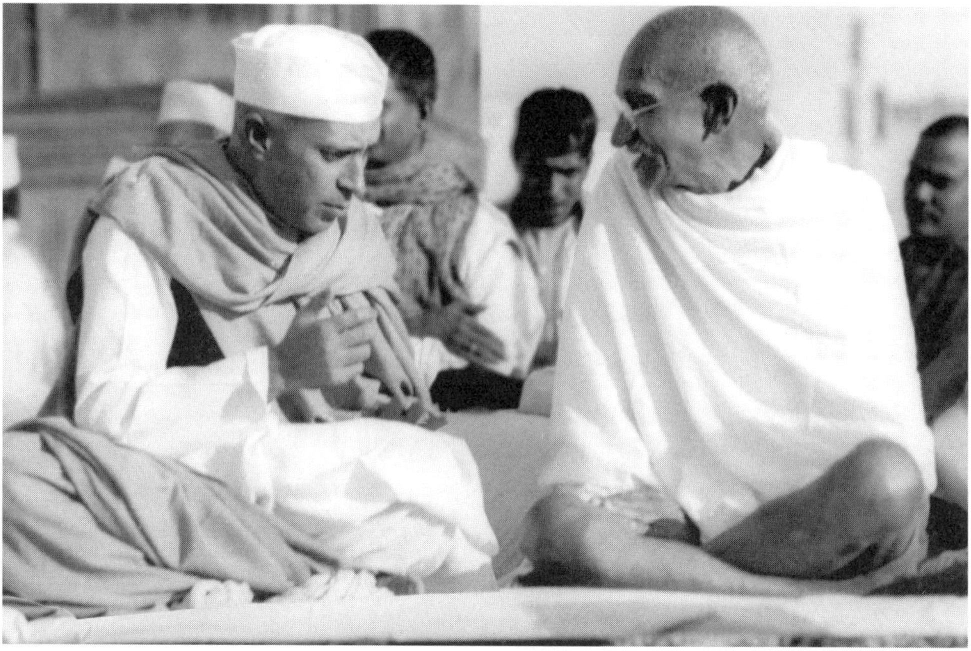

国民会議派の議長に選ばれたジャワハルラール・
ネルーとともに。1936年12月

革しようと情熱を燃やしはじめていた。ネルーにとって、ガンディーの非暴力、非協力闘争は、独立への道としてはあまりにも悠長に思えた。

しかしガンディーはネルーの気負いを完全に打ち砕いた。

「あなた方はいつも革命について議論していますが、わたしは革命そのものを作っているのです。暴力のどこが革命的と言えるでしょうか。本当に国民のためを思っているのなら、どうすれば暴力に背を向け、恐れをふりほどくことができるのか、わたしが人々に示していく手伝いをしてください」

この言葉はネルーの心にまっすぐ伝わった。ガンディーの生き方や信条は、多くの点でネルーとはかけ離れていたが、それは問題ではなかった。抵抗するにはガンディーはあまりにも偉大だったのである。ネルーは立派な服装や、贅沢な生活習慣を改め、富と才能のすべてをガンディーの独立運動に捧げはじめた。

しかしネルーの父モティラルには、息子の態度は行き過ぎに映った。モティラルはジャワハルラールに、お金で買うことのできる最高の教育を与えていた。そして息子を深く愛するがゆえに、これらすべてが投げ捨てられようとしているのを見て心を痛めていたに違いない。ついにモティラルはガンディーのもとへ直談判に出かけた。

「あなたはわたしたちのひとり息子を取り上げてしまいました。どうか息子を返してください。そうすれば、わたしの財産をあなたの政治活動に自由に使えるようにして差し上げますから」

懇願するモティラルの言葉を忍耐強く聞きながら、ガンディーはただ頭を横に振るだけだった。そしていたずらっぽく笑いながら言った。

「わたしはあなたの息子さんだけでなく、あなたも、あなたの奥さんも、お嬢さん方も、あなたの家族全員が欲しいのです」

そして実際に、ガンディーはモティラルを皮切りに、ネルー家の全員をひとりずつ獲得していったのである。

ガンディーは、どんな国家も今まで直面したことのない、もっとも当惑させられる敵だった。かれの行動はすべて自発的で、年を経るごとにますます若く、ますます急進的に、ますます実験的になった。イギリスの統治者たちは、攻撃するかと思えば引き、引くかと思えば攻撃し、日に日に力を増してきているこの小さな人物に困惑し、いらだっていた。ガンディーが次にどんな出方をするのか、だれにも想像できなかった。なぜならかれの行動は、政治的に何が得策かといった計算によるのではなく、しばしば土壇場《どたんば》になってひらめく深い直観に基づいていたからである。

塩のサティヤーグラハ

そのことをもっとも如実に示したのは、ガンディーとインド国民の闘いを世界に注目させることになった1930年の「塩のサティヤーグラハ」だろう。それまでのインドは、ただ妥協的に大英帝国の自治領としての立場を求めているだけだった。しかし非協力闘争を開始してから苦渋に満ちた10年が過ぎたが、インドの民衆にかけられる大英帝国の圧力は強まる一

ジャワハルラール・ネルーとともに、国民会議派執行
委員会に向かうガンディー。1939年９月、セガオン

ダンディに向かって「塩の行進」をする前夜、サバルマティ・アシュラムの近くで、集まった群衆に演説をするガンディー。1930年３月

方だった。1930年1月1日、午前零時の鐘が鳴ると同時に、インド国民会議派は完全な独立国家への闘いを先導すべく、新しい国家の旗を掲げたのである。

次に何が起るのだろうと、だれもがガンディーに注目していた。サティヤーグラハのあらたな取り組みが差し迫って必要とされていたが、どのような内容で、いつ開始されるべきかといったことは、だれにも、ガンディーにすらも分かっていなかった。何週間も過ぎ、武力行使への恐れが高まってきたが、ガンディーは沈黙を保ったままだった。イギリス政府は、かれを逮捕することも、自由にさせておくことも恐れ、心配しながらただ待っていた。

何週間もの熟考の末、答えはついにガンディーの夢のなかに現れた。それは驚くほど単純なものだった。イギリス政府は、塩の製造を禁止する法律をインドに押しつけていた。熱帯の人々にとってとりわけ生命にかかわる塩の製造を禁止し、イギリスが専売権を持つことによって、イギリスへの依存をますます高めようとしたのである。ガンディーにとって、まさにそれは植民地搾取を象徴する完璧な例であった。ガンディーは、もっとも信頼のおける78人のアシュラムの仲間とともに、砂浜に天然の塩ができている小さな海辺の町、ダンディまで240マイルほどの距離を行進することを提案した。そしてその当日、ガンディーが合図を下したとたん、インド全体があたかも塩の規制法などなかったかのように行動したのである。

予定した日の朝になると、このインド中をひっくり返そうとしている小柄な人物の見納めになるかもしれないと、おびただしい数の群衆がアシュラムの外に集まってきた。ところが、それが英雄的な行進となったのである。人々はいたるところで行進のニュースに釘づけになり、その進展の様子を逐一、見守った。61歳のガンディーは、かつてないほど健康で、スポーツ選手のように軽やかな足取りで、一日12マイルも行進していった。そして途中のすべての村々に足をとめ、アヒンサーの教えと非暴力による非協力の義務を説いていった。行く先々でガンディーを一目見ようと人々が繰り出し、ひとつの町から次の町への沿道は人々で埋まり、ガンディーが歩く道には花がまき散らされた。24日後、一行がようやくダンディに到着したときには、最初78人だった行進者は数千人にまで膨れ上がっていた。

到着した日、ガンディーとその支持者たちは、大勢の群衆を簡単に呑み込むことになりかねない暴力に対抗する力を自分たちが持つよう、夜を徹して祈った。夜が明けた瞬間、かれらは静かに海の方へ下りていった。何千もの目が一挙一動を見守るなか、ガンディーは身をかがめて、砂のなかから塩をひとつまみ拾い上げた。

反響は速かった。インドのすべての海岸線で、男も女も子どもも、イギリスの法律に対する不服従を直接に表明するために、海に向かって行進し、塩を集めたのである。この「違法塩」は、それを購入することによってでしか法律を破ることができない都市に住む人々に、プレミア価格で競《せ》りに出された。鎖が投げ捨てられたことを国民全体が知った。警察による残虐な報復がなされたにもかかわらず、国中が明るい歓びの空気に包まれていた。数カ月後、インド総督のアーウィン卿とティータイム会談をもったガンディーは、上着の内襞《うちひだ》から小さな紙袋を取り出し、総督が驚いて見つめている前で中身をティーカップに少し入れ、茶目っ気たっぷりに言った。

「かの有名なボストン・ティーパーティーを忘れないために、この塩を紅茶のなかに少し入れることにしましょう」

寛大なアーウィン卿は、ガンディーのユーモアを一緒に笑った。

ガンディーが合図を下した後、不服従闘争は何週間にもわたり、インド全域を自然に浸食していった。逮捕者は何千人にものぼり、さらに多くの人々が何ひとつ抵抗することなく、暴行を受け、殺されていった。しかし不思議なことに、ガンディー自身は逮捕されないままだった。ヒマラヤからインド洋まで、インド亜大陸を隅から隅まで揺り動かしているこの大がかりで予測しがたい闘争のなかで、ガンディーひとりが冷静だった。

大量の人々がまたしても逮捕された日の翌日、ダンディと海岸の中間辺りにあるガンディーの奉仕キャンプに、人々が夕べの祈りの集いにやってきた。奉仕キャンプといっても、椰子《やし》とナツメの葉でできたほったて小屋

「塩の行進」の初日の朝、アーメダバードを出発する人々。1930年3月12日

が二つ三つあるだけである。その夜、ガンディーの話はいつもより深刻だった。祈りと歌が終わると、ほやつきランプの消え入りそうな明かりのもとで、今まで逮捕された人々の長いリストが読みあげられた。いつもだと集いのあと、人々は解散し、ガンディーと仲間たちは就寝する。しかしこの夜は、ほとんどの人が眠れなかった。ガンディーの逮捕は差し迫っているようであり、人々はかれがどのような処遇を受けることになるのか、不安と憶測で胸がいっぱいだった。

警察官たちはその夜、真夜中に30人の武装部隊を引き連れてやってきた。暗闇のなか、ガンディーを探し出すのは至難の業で、潜んでいると思われる場所を推測することすらもできなかった。ついにだれかが、開け放

たれた小屋のなかに横たわっている小さな白い物体を指さした。「ガンディーだ！」インド全体をゆるがしている当の指導者は、この混乱のさなかにおいても、神の加護を信じて赤子のように眠っていたのである。

イギリス政府の役人は、眠っているその人物を起こし、懐中電灯で顔を照らした。「われわれはＭ・Ｋ・ガンディー氏を逮捕するためにきました」

「わたしがモハンダス・カラムチャッド・ガンディーです」と、その小柄な人物は礼儀正しく答えた。「あなたの命令に従います」

「どうぞ準備してください。必要な時間は差し上げますから」

「もう準備はできています」床においている小さな包みを指さしながらガンディーは言った。「これがわたしに必要なものすべてです」

警察官たちが見守るなか、ガンディーはいつものようにゆっくりと、わずかに残っている歯を磨いた。そして短い祈りをすませると、担当官のもとへ行き、誘導する役人たちと快活に話をしながら、外の車に向かって足早に歩いていった。ここに戻ってくるのは何年も先のことかもしれなかったが、ガンディーの態度には不安も憤りも見られなかった。警察官たちはこの小柄な人物に備わっている簡素な威厳に感動した。まるで自分たちの方が囚人のようではないか。ガンディーは迫害を受けたときにこそ、最高の状態になる。抑圧のもとでこそ、最高の力を発揮し、刑務所のなかであろうと、どこであろうと自由だった。

この頃までに、6万人を超えるサティヤーグラハ信奉者がすでに刑務所に入れられていた。それらの人々にとって、ガンディーは見習うべき手本であった。ガンディーにとって投獄されることはつらいことではなく、最高の誉れだった。というのは、高い理想に向かって勇敢に耐えていく力が、すべてのインド国民を解放することになると分かっていたからである。投獄されることを、このように歓びとユーモアをもって陽気にかわしていくガンディーに触発され、国中の人々は不安を笑い飛ばしはじめた。逮捕された指導者たちにとって、イギリス政府の刑務所は、まるで家族や友人たちとの楽しい再会の場となり、ガンディーはかれらに祝電を送った。その後、何度となく逮捕されることになったガンディーは、刑務所にいるか、釈放されたばかりか、逮捕される直前か、いつもそのいずれかであった。

ガンディーは、自分がどこにいようと、居場所にはこだわっていなかったので、投獄されても仕事には何ら差し障りがなかった。実際に、かれがおこなったもっとも有利な取引のいくつかは、刑務所の壁の内側からなされたものだった。その壁とは、ほとんどの場合がイェラヴダ刑務所のものだった。そこは、ガンディーにとってあまりにも慣れ親しんだ場所だったので、イギリス人の尋問者に住所を尋ねられたときに、「イェラヴダです」と答えたほどだった。人は何ごとも、神に対する敬愛の念をもっておこなえば、その人が行くところはどこでも神聖になる。それゆえに、ガンディーが刑務所から出す手紙には、差出人の住所がイェラヴダ・マンディル（イェラヴダ寺院）と記されていた。

「サティヤーグラハ信奉者には、時間的な制約はありません。また困難に立ち向かう力の限界もありません。ですからサティヤーグラハには、敗北はあり得ないのです」

G・D・ビルラと打ち合わせをするガンディー。1946年、カルカッタ

カルカッタの刑務所に政治犯を訪ねるガンディー。1946年１月

「歓びは、闘いのなかに、試みのなかに、直面している困難のなかにあるのです。勝利そのものにあるのではありません」

ガンディーは毎朝、夜明け前に起床し、瞑想と祈りで一日をはじめた。それは厳しい試練に耐える力の源となるものである。聖書、コーラン、バガヴァッド・ギーターなどの聖典を読み、毎日どっさりと届く手紙にも目を通すことができた。とはいえ、課せられる肉体労働も多く、さらにかんぬきの内にも外にも、友人になる可能性を秘めた自称「敵対者」がたくさんいたのである。ガンディーはその人たちみんなの面倒をみて、だれかが病気にかかると看病をした。刑務所のなかで奉仕することを精神的な成長の糧とし、人々を非暴力、独立支持へと転向させていった。

「わたしは苦い経験を通して、自分のなかにある怒りのエネルギーを保存するというもっとも貴重な知恵を得ました。保存された熱がエネルギーに変換されるように、わたしたちの怒りも、それをうまくコントロールすることによって、世界を動かすパワーに変換することができるのです」

怒りのエネルギーを非暴力の力へ

インドをイギリスから政治的に独立させるための闘いに、一歩間違えば、どれほど大きな憎しみと暴力がひき起こされることになったか、それを推し測ることはほとんど不可能であろう。搾取への怒りに沸き返っていたインドでは、非難や糾弾，憎悪や報復などの抵抗行為に大量のエネルギーが無駄にされていた。ガンディーはこの怒りのエネルギーを、サティヤーグラハの厳しい規律を実践することへと変換させていき、「イギリス人」に対しては愛情と敬意を抱きながらも、「イギリス政府」に対しては非暴力をもって、すべての内的な力を駆使して闘うことができることを、身をもって示していった。

ガンディーに従うと誓った人々のなかには、このように高度な非暴力を実践することができない人がたくさんいることを、ガンディーは承知していた。けれども、独立を求めているこれらの人々のなかから暴力が爆発したときは、たとえ成功を目前にしていたとしても、攻勢に出るのを見合わせた。非暴力に完全に徹するのでなければ、サティヤーグラハ闘争を先導することは控えたのである。

インドへの締めつけが度を増してくるにつれ、イギリス人は、インドの自治を奪うことがインドだけでなく大英帝国にも損害を与えていると徐々に気がつきはじめた。イギリスのもっとも優秀な若者たち——環境さえ異なれば、勇敢で自己犠牲の精神にあふれた兵士や、有能なビジネスマンとして活躍する能力を備えている人々――は、植民地政策の罠《わな》にかかってインドに派遣され、支配される側の人々の苦しみに対して無神経になっていたのである。一方、大英帝国は、植民地主義者たちの生活や富を守るために、人間の価値をどんどん犠牲にせざるを得なくなっていた。ガンディーは、インド人もイギリス人も自分にとって同胞だということを知っていたので、イギリスが間違っているときは、どんなことであっても支配者たちのもとへ行き、「このような不正には服従できません。それはわたしたちを破滅させるだけでなく、あなた方も破滅させるからです」と抗議した。イギリス政府の高官たちも、このようなガンディーのアプローチの仕方に徐々に反応を示しはじめた。そしてイギリスからも多くの人々が、インドの自治、自助に協力しようと、ガンディーのもとへやってくるようになった。

「ひとりの人間の霊性が高まると、世界全体がその人とともに高まります。ひとりの人間が堕落すると、その分だけ世界全体が堕落します。敵対者を助けることは、とりもなおさず自分自身やともに働く人たちを助けることになるのです」

イギリス再訪

イギリス政府が、インドの命運について協議するために円卓会議を開く決定をしたとき、ガンディーは再び獄中の身だった。英国王室議会によって招待されていたのは、マハーラージャ（士候）やイギリスの統治によって支えられていた政治家たちであった。ガンディーの友人であるアメリカ人宣教師スタンレイ・ジョーンズは、インド総督アーウィン卿にガンディーも招待すべきかと尋ねられ、「ガンディーはインドそのものです。ガンディーを招くことは、インドを招くことです。ガンディーが招かれないのなら、だれが招かれようと、インドは参加したことにはなりません」と答えたと、楽しそうに回想している。このジョーンズの言葉に従い、アーウィン卿は少しきまり悪く思いながらも、「国王陛下の招待状」を「国王陛

第２回円卓会議のためにロンドンを訪れたガンディー。1931年

第２回円卓会議でロンドンを訪れたとき、イーストエンド地区のクエーカー居住区にあるキングスレー・ホールのバルコニーから群衆に挨拶をするガンディー。1931年９月

下統治下のイェラヴダ刑務所」の監房に送った。

ロンドンに留学していた頃となんという差であろうか。いまや世界人口の五分の一を代表し、国王の賓客《ひんきゃく》としてイギリスに戻ってきたのである。しかしロンドンに到着したガンディーは、数々の立派な処遇を断わり、貧困層の住むイーストエンド地区に滞在した。かれはそこの住民の心をとらえ、とりわけ子どもたちの人気者になった。というのは、どんなにスケジュールが詰まっていても、毎日、時間を割いてかれらと一緒に遊んだり、冗談を言ったりしたからである。子どもたちは、濃い霧がかかったスラムのなかを長時間、早足で散歩するガンディーのあとを追いかけながら、「おーい、ガンディーさん、どうしてズボンをはいていないの」と囃《はや》した。

滞在中にガンディーは、イギリスの紡績工場の大半が集中しているランカシャーへの訪問を希望した。インドで生産された綿はすべて、イギリスに雀の涙のような価格で輸出され、いったんランカシャーの工場で布にされた後、再び貧しいインドに輸入されるよう植民地法で定められていた。そのため綿布は、綿の栽培コストの何倍もの価格になっていた。ガンディーは、貧富を問わずすべての国民に、古くから伝わっている手紡ぎを習得するよう奨励した。そうすれば、インドの70万もの貧しい村々で暮らす人々が、再び自分たちの力で仕事をし、自立し、自尊心を取り戻すことができるようになるからである。そしてすべてのインド人に、カディーと呼ばれる織りの粗い手紡ぎの白布を着て、外国製の布をボイコットするよう呼びかけた。

カディーは独立のシンボルとなり、上流・中流階級の人々と、インドの大半をなす下層階級の人々とを、連帯させた。偉大な指導者ネルーさえも、毎日一定の時間を割いて糸を紡いだ。富める者も貧しい者も、独立を支持するものは皆、カディー以外の服を身にまとうなど、夢にも思わなくなった。ウィンストン・チャーチル卿をはじめとする大英帝国のお偉方たちの憤慨をよそに、ガンディーはバッキンガム宮殿でのお茶会ですら、自分で紡いだカディーの腰巻きとショールをまとい、どこにでもある安物の懐中時計を安全ピンで腰にとめて、出席した。後でイギリス人のレポーターに、

第 2 回円卓会議にて。1931年

イングランドの北に位置するランカシャーの
紡績工場を訪れるガンディー。1931年９月

「ガンディーさん、あなたの服装は、あのような場では少し略式にすぎませんか」と尋ねられたガンディーは、「国王陛下がわたしの分までお召しになってくれていましたよ」と答えたという。

ランカシャーの紡績工場は、ついに一時閉鎖を宣告せざるを得なくなった。何千人もの労働者が仕事にあぶれ、この事態を招くのに一役買ったガンディーに憤慨する失業者で町はあふれかえっていた。ガンディーは、イギリス人労働者もインド人労働者も話し合いの機会さえ与えられれば、お互いに理解し合えることを確信していた。イギリス政府がガンディーの身の安全を憂慮するなか、かれはインド国民の立場を説明するためにランカシャーへ向かった。

ランカシャーでは、大勢の労働者がガンディーを見ようと集まってきた。労働者の大半は、自分たちが失業の憂き目にあったのはガンディーのせいだと思っていた。そんなかれらに、「2、3分でいいですから、わたしの話を聴いてください」と、ガンディーは穏やかな口調で話しかけた。

紡績工場の労働者たちとともに。

「まず、わたしたちの考えを説明する機会を与えてください。その後で、わたしやわたしの国の人々を非難してください。あなた方は、ここで300万人の労働者が解雇され、何カ月も失業したままだと言われますが、わたしの国では毎年、3億の人々が、少なくとも6カ月は失業しています。あなた方は、夕食にバターがついたパンしか食べられない日があると言われますが、わたしの国では、食べ物がない日が何日も続くことがしょっちゅうあるのです」

相手の立場を尊重しながらも、毅然《きぜん》とした態度でこのように率直に語りかけるガンディーに聴衆は感動し、ガンディーが話し終えると、全員が自分たちを失業に追い込んだ張本人に喝采《かっさい》をおくった。

「サティヤーグラハは、静かな力で、ゆっくりとしか進まないようにみえますが、実際には、これほど直接的で速やかに作用する力は、世界のどこにもありません」

「非暴力が臆病と結びつくと病気になります。完全に武装した男が、内心は臆病だったりすることも想像に難くありません。武器の所有は、臆病からでないとすると恐怖心の表れです。しかし真の非暴力は、混じり気のない勇敢さがなければ実践できません」

非暴力に応じたパシュトゥーン人

強い者にとって、非暴力を実践するのは簡単なことだと、ガンディーはよく言っていた。非暴力の実践が不可能なのは、弱い者である。なぜなら非暴力というのは、自分を憎む人を愛する強さであり、もっとも手強い敵対者に対して、忍耐と理解を示す力だからである。人生においてこれほど難しいことはないだろう。これがバガヴァッド・ギーターに、「勇者を見たければ、人を許すことのできる人を見なさい。英雄を見たければ、憎しみに愛で報いることのできる人を見なさい」と書かれていることの意味である。

バガヴァッド・ギーターに説かれている「人格の変容」が、ものの見事

北西国境地域を訪問したガンディー。カーン・アブドゥル・
ガッファー・カーンとともに。1938年10月

カーン・アブドゥル・ガッファー・カーンとともに
北西国境地域を歩くガンディー。1938年10月

に実践されたのは、インドの北西国境地域をおいてはないだろう。カイバール峠の岩だらけの山岳地帯、「目には目を、歯には歯を」の掟《おきて》を遵守《じゅんしゅ》している社会から、「国境のガンディー」と呼ばれるようになった偉大な指導者カーン・アブドゥル・ガッファー・カーンが現れたのである。カーンの同胞であるイスラム教徒のパシュトゥーン人は、勇ましく戦闘的な民族で、かれらの間にも自由への思いが激しく燃えあがっていた。イギリスは残虐な軍事力を行使して、戦略上重要なこの地域を支配していたが、要塞《ようさい》はいつも危険と隣あわせだった。国境地帯は、いつ爆発してもおかしくないほどぶっそうで不気味な場所だった。

ガンディーが「塩のサティヤーグラハ」を開始すると同時に、パシュトゥーン人が住む国境地帯は、インドのほかの地域から隔絶されてしまった。最悪の事態が予想された。しかし、やがてぽつぽつと伝わってきた情報に、ガンディーをはじめ、だれもが驚いた。

カーン・アブドゥル・ガッファー・カーンが、ガンディーの非暴力の求めに応じ、世界初の非武装軍を結成したのである。アラーの神の前で「非暴力」と「許し」を誓ったクダイ・キドマットガー（神のしもべたち）は、イギリス軍の大量射撃に対して退却もせず、報復もせず、敢然《かんぜん》と立ち向かっていった。武力による鎮圧はかれらの抵抗力を逆に強めるだけで、闘いが最高潮に達したとき、「神のしもべたち」は80万人から100万人にまで膨れ上がっていた。

カーンの招きに応じてガンディーは国境地帯を訪れた。どの町にも背の高いパシュトゥーン人たちが群れをなして集まってきたが、その多くはライフルを背負っていた。というのは、パシュトゥーン人の男性にとって、銃と剣を持たないでいるのは、裸でいるのも同然だったからである。ガンディーは尋ねた。「あなたがたは何を恐れているのですか？　何も恐れていないのなら、なぜ銃を背負っているのでしょう？」かれらは目を丸くしてガンディーを見た。今までこのようなことを正面きって言う人はいなかったからである。「わたしは何ものをも恐れまいと、自分に言い聞かせてきました。ですから武装していません。これがアヒンサーの意味です」

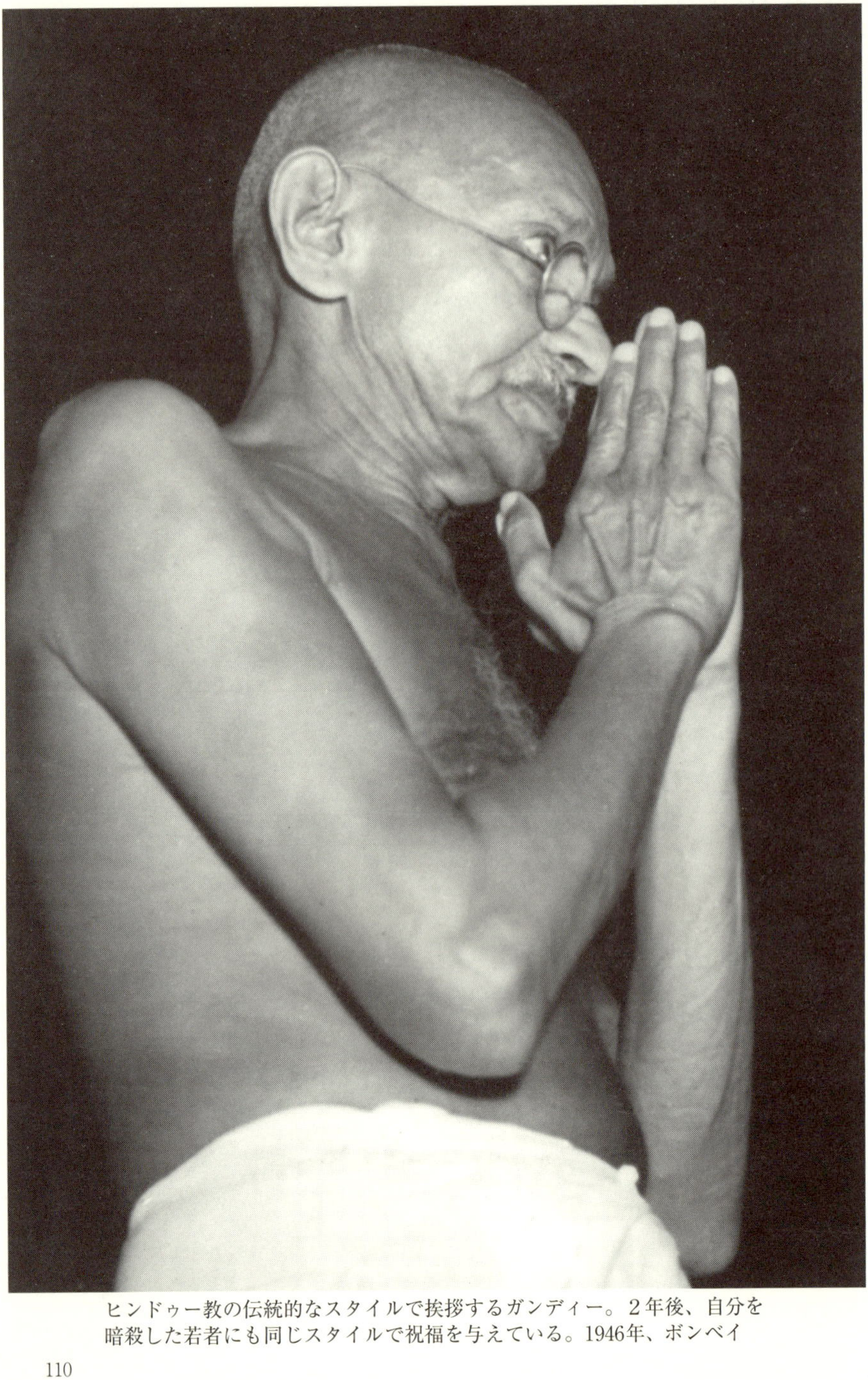

ヒンドゥー教の伝統的なスタイルで挨拶するガンディー。２年後、自分を暗殺した若者にも同じスタイルで祝福を与えている。1946年、ボンベイ

パシュトゥーン人たちはガンディーに喝采をおくり、カーンにならって武器を置いた。ガンディーはかれらを、「非暴力は勇者の武器」という言葉をそのまま実践する完璧な模範生だと讃《たた》えた。

「わたしが提唱する非暴力は、きわめて積極的な力です。臆病さや弱さが入り込む隙間はありません。暴力的な人間にはいつか非暴力的になる望みが残されていますが、臆病者にはそのような望みはありません」
「強さは肉体的な力から出るのではありません。不屈の意志から出るのです」
「それをどのような言葉で呼ぼうと自由ですが、激しい闘いの只中で人に大きな慰めを与えてくれるものは神です」

愛を広げる

聖書に「完全な愛は恐れをとり除く」とあるが、アヒンサーとはこの「完全な愛」にほかならない。それは単なる感傷的な愛からほど遠いもので、生涯を通じて取り組むべきチャレンジであり、自己との闘いでもある。その道のりはあまりにも試練に満ちているため、あらゆる宗教における先達たちによって、「剃刀《かみそり》の刃の上を歩くよりも険しい」と言われている。ガンディーはそのことを、次のような平易な言葉で言い表している。

「他者の幸せが自分の幸せよりも大切に思え、さらにその人の命が自分の命よりも大切に思える、そのときのみ、あなたはその人を愛していると言えるのです。それ以外は単なるギブ・アンド・テイクの取引でしかありません。このような愛を、あなたを憎んでいる人にまで広げていくことがアヒンサーの究極です。それは意識の境界を押し広げることなのです」

ガンディーは、この新しく押し広げられる「意識の領域」についての先駆者だった。かれの行為はすべて、人間の「愛の器」を広げていくための「実験」であった。愛の器が大きくなるにつれ、求められることもおのずと厳しさを増し、人間というものがはたしてどこまで耐えられるのか、その限

暴動が起ったビハールの村を視察するガンディー。カーン・アブドゥル・ガッファー・カーンも同行している。1947年３月

界が試されているようだった。

けれどもガンディーは、嵐のような試練のなかに熱い歓びを見出していった。自分を取り巻く暴力的な状況と闘うことが不可能に思えることが何度もあったが、そのようなときは、自分自身の慰めや安全について一切考えずに、闘いに身を投じた。そしていつも土壇場で、内なるパワーが深いところからほとばしり出て、さらなるエネルギーと愛がみなぎってくるのを経験した。ガンディーは、人生の最後の瞬間まで、愛に燃えて生きたのである。昼も夜も、愛はかれのなかで炎のように熱く燃えた。何ものもその火を消すことはできず、人間の些細な思惑はたちまち焼き尽された。

ガンディーが晩年に直面した幾多の試練は、歴史における最大の悲劇に数えられるであろう。インド独立の前夜、ヒンドゥー教徒とイスラム教徒は戦いの真只中にあった。毎日のように両者の間で繰り広げられる殺戮《さつりく》に対して、政府はなすべき術《すべ》を失っていた。宗教の違いを超えて、人類は同胞であることを説き、その通りに生きていたガンディーは、多くのヒンドゥー教徒からもイスラム教徒からも激しく憎まれていた。

流血と破壊行為は、ガンディーの心を深く悲しませた。七十代半ばという年齢にもかかわらず、ガンディーは暴動の中心地へ直行し、食べ物すらも敵の慈悲に頼らなければならない困難な状況のなか、ビハール州やノアカリの荒廃した辺境の村々を「平和ひとり部隊」として裸足で歩いていった。そして、これまでの闘いに十分耐えぬき、決してひるむことがない、勇気と愛に満ちた信頼のおける同志たちを、ほかの村へも単独で送り、同じように行動させた。

かれらにはマニュアルがあったわけではない。ただ、人々に説いている真理を、自ら実践していただけであった。その真理とは、人間ひとりひとりに対する愛と尊敬、完全な自立、恐れのまったくないアヒンサーのことである。

「二人の人間が闘っているのを見たとたん、震えたり、踵を返して一目散に逃げたりする人は、非暴力的だとは言えません。それは臆病者の行為です。非暴力的な人は、そのような喧嘩を未然に防ぐために、命を投げうつことでしょう」
「数による力は臆病者を喜ばせます。精神的な勇者はひとりで闘うことを誇りとします」

水路と小道しかないノアカリを歩くガンディー。1946年、東ベンガル

非暴力への試練

ガンディーにとって、この闘争はアヒンサーに対する厳しい試練であり、求めに応じて内なるすべてのエネルギーが燃え上がった。一日16時間から20時間を、歩き、働き、書き、語ることに費やし、行くところ行くところで人々に模範を示しながら宗教的な風習、迷信、不信感などの壁を崩していった。

村々で小さな奇跡が起ったかのようであった。あるイスラム教徒の家族は、危険を侵しながらもガンディーに寝る場所を提供した。殺人を犯した者や略奪をおこなった者は、進んで武器を渡し、自分たちが奪ったものを返し、略奪された人を助けるためにお金を渡した。

ある村で、凶暴なことでは札付きの男が、ガンディーのもとにやってきた。男は、群衆が固唾《かたず》をのんで見守るなかをガンディーに近づいていき、その細い首に両手を回して絞め殺そうとした。そのときガンディーの目には敵意の翳《かげ》りすらなく、口からは抗議の言葉ひとつ出てこなかった。ガンディーはただ、心の内に洪水のように押し寄せてくる愛に完全に身を任せていたのである。やがて男は、ガンディーの足もとに幼児のように泣き崩れた。その場に居合わせた人は、奇跡を目の当たりにしたと思った。しかし、高い霊性を備えていたガンディーにとって、愛がなせる「奇跡」はごく普通のことだった。仏陀の「憎しみは憎しみで消滅させることはできない。憎しみは愛によってのみ消滅させることができる。これは普遍の法則である」という深遠な言葉を証明する、多くの出来事のひとつに過ぎなかったのである。

暴動後のベンガルを訪れるガンディー。1946年11月

「方針は変更が可能だし、実際に変更されます。それに対して、非暴力は変更不可能な規範です。あなたのまわりに連なる暴力と向き合いながら、追求されるべきものです」
「信仰心とはただ言葉の上での崇拝ではなく、死との格闘です」

「非暴力的な人間にとって、非暴力は手柄とは言えません。本当に非暴力かどうかの判断がつきにくいからです。しかし非暴力が暴力と戦わされたときには違いがはっきりと認識できます。このことは、わたしたちがしっかり目覚め、しっかり警戒を怠らず、しっかり努力していなければ、できないことです」

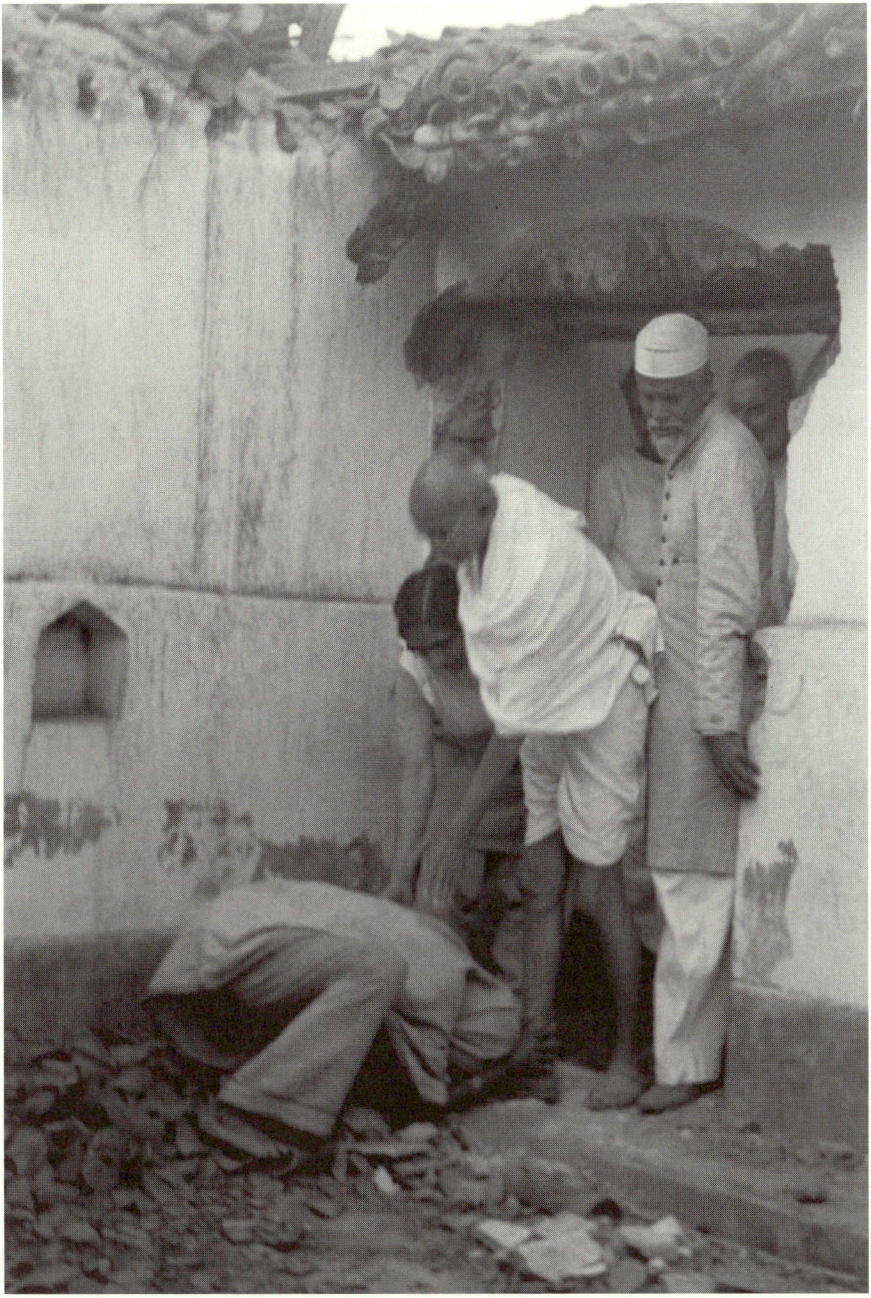

ビハールにて平和伝道をおこなうガンディー。1947年3月

ビハールにて。1947年３月

「わたしに勇者の非暴力が備わっているだろうか？　それはわたしの死のみによって分かることです。仮にだれかがわたしを殺したとしましょう。その瞬間、わたしの口からその刺客《しかく》のために祈りの言葉がついて出て、わたしの心の聖域に神が記憶され、神の存在が意識されるなら、そのとき初めて、わたしに勇者の非暴力が備わっていたと言えるのです」

カーン・アブドゥル・ガッファー・カーンとともに。1947年３月、ビハール

「目標はいつもわたしたちから遠ざかります。進歩が大きければ大きいほど、自分の卑小さが強く認識されるからです。満足は達成したもののなかにあるのではなく、努力のなかにあるのです。全力を投じた努力こそが、完全な勝利です」

ハリジャン基金のために募金活動をするガンディー。1944年6月

第三章　母なるギーター――霊性の源『バガヴァッド・ギーター』

執着せず最善を尽す

「ガンディー主義の政治理念」「ガンディー主義の経済理念」などといった研究が、学者や活動家たちによって盛んになされているが、次のような真に意味のある問いが発せられることが、はたしてあっただろうか？　「ガンディーは、どのようにしてその偉業を成し遂げたのだろうか？」「その力の源は、何だったのだろうか？」「目標も定まっていなかった平凡で無能な弁護士が、どのようにして世界の名だたる大国に対抗して、ひとり立ち上がり、闘い、しかも一発の銃を放つことなく、勝利を得るまでに変身することができたのだろうか？」

長年にわたり取材しているうちに、ますますガンディーを尊敬するようになったあるアメリカ人ジャーナリストが、ついにガンディーに、簡潔を尊ぶ新聞記者らしい質問をした。「あなたの人生の秘訣を、三つの単語で表現してもらえないでしょうか？」

「いいですとも！」チャレンジに対しては、どんなことも拒まないガンディーは、笑いながら答えた。

「放棄し、そして、楽しみなさい！（Renounce and enjoy!）」

それは、ヒンドゥー教のもっとも古い文献のひとつイーシャー・ウパニシャッドの言葉を引用したものである。ガンディーにとってバガヴァッド・ギーターの全編は、人類の叡智を凝縮したこのイーシャー・ウパニシャッドの三つの単語の解説書にほかならなかった。その意味するところは、人生を楽しむためには、何ごとにも――お金、財産、権力、名声はもとより、家族や友人に対しても――利己的に執着してはならないということである。何かに利己的に執着した瞬間、わたしたちはその奴隷になってしまうからである。

バガヴァッド・ギーターの言葉を借りるなら、無執着とは「行為に習熟していること」である。仕事の結果を心配する人は、目標《ゴール》を見ないで、敵や目の前の障害物だけを見る。その結果、自分には困難な状況を克服する力はないと思い、諦めたり、挫折感や絶望感から暴力に訴えたりするようになる。反対に、結果を気にせずに、利益、権力、名声なども考えないで最善を尽す人は、苦境におちいっても動揺しない。その人の目はいつも目標に据えられているので、ひとつひとつの試練を経ながらも、進むべき道がはっきりと見えているからである。

> 「わたしが言う無執着とは、あなたの動機が純粋で、手段も正当なら、望み通りの結果が得られるかどうかは心配すべきではないということです。手段をよく考え、すべてを天に任せるなら、ものごとは最終的に必ずうまくいくという意味です」

無執着とは、無感動のことでも、無関心のことでもない。それは、ものごとに効率的に関わっていくための必要条件である。わたしたちが人に良かれと思っていることは、往々にして、自分の考えへの執着でゆがめられている。わたしたちは自分が望んでいるような形でだけ、人に幸せになって欲しいのである。自分自身のために何も欲しがらなくなって初めて、相手が必要としていることがはっきり見え、その人のためにどうすればよいのかが理解できるのである。

キャリアーを追求していた頃のガンディーは、自分のなかに潜んでいる創造力の無尽蔵の泉を活用する方法を知らなかった。奉仕に生きるようになって初めて、抑えられないほど大きなパワーが内からほとばしり出ていることに気づいたのである。かれは70歳を過ぎても、二十代の頃にやっていた仕事の数倍もの量をこなしていた。社会への献身が増すにつれ、深刻な危機に見舞われることも多くなったが、ますますエネルギッシュで、耐久力も増していった。

ロンドンでの円卓会議に出席していたときは、夜11時前に床につくことはなく、夜中の2時にはもう起きていた。またヒンドゥー教徒とイスラム教徒の間で起った暴動に心を痛め、ノアカリとビハールを巡礼したときには、すでに77歳であったが、日程は若い頃と変わらなかった。成功するかどうかといったことに心を煩わされなくなっていたので、不安や疲労などからくるストレスはなく、自分が今やっていることにすべての意識を集中することができたのである。

ある日、西洋人のジャーナリストがガンディーに聞いた。「ガンディーさん、あなたは50年近くもの間、毎日、少なくとも15時間以上は働いてこられましたね。そろそろ休暇をとる時期だとお思いになりませんか？」

ガンディーは答えて言った。「どうして？　わたしはいつも休暇中ですけどね」

この「とらわれない心で自由に生きる」という生活の知恵を、もっとも明確に教えてくれたのはバガヴァッド・ギーターだった。ガンディーは終始一貫して、ギーターの子どもだったと言えよう。政治、経済、非暴力的抵抗などの分野で、多くのガンディー研究がなされているが、そのパワーの真の源はいまだに解き明かされていない。ところがガンディー自身が、子どものような天真爛漫《てんしんらんまん》さで、次のように語っているのである。

「1889年、ギーターに出会って以来、ギーターはわたしにとって母のような存在となりました。難しい問題に直面したときはいつも助けを求めてギーターをひもときました。そして求めていた答えは必ず与えられました。でもギーターの助けを借りたいのであれば、母なるギーターには心から敬意を払って接しなければなりません。安らぎを与えるその膝に頭を休ませたものは、決して失望を味わうことなく、無上の喜びを享受することでしょう。この魂の母は自分を信奉する人には人生のあらゆる瞬間において、新鮮な知識、希望、パワーを授けてくれます」

イスラム教の指導者ムハンマド・アリー・ジンナーとともに。ジンナーの住居でおこなわれた会談の後。会談は結論にいたらなかった。1944年9月、ボンベイ

ギーターを外国語に翻訳することと、日常の言葉に翻訳することは、まったく別である。前者においては、どれほど才能と学問的知識が投入されたとしても、人間性の表面をなでる知的な作業でしかない。しかし、後者においては、メッセージが心の奥まで届き、その人の性格とおこないを完全に変容させるのである。

バガヴァッド・ギーターを「日常生活の手引き書」としてとらえることができるなら、ガンディーを理解することは可能である。けれどもガンディーのように、実際にその教えを実践するのでなければ、ギーターをこのように深く理解することは不可能であろう。

「自分を愛してくれる人だけを愛するのなら、それは非暴力とは言えません。自分を憎む人を愛してこそ非暴力と言えるのです。この高邁《こうまい》な愛の法則に従うことがどれほど難しいか、わたしにはよく分かっています。しかし、『偉業、善行はすべておこない難し』ではないでしょうか。なかでも自分を嫌っている人を好きになるほど、難しいことはありません。けれどもあなたが望みさえすれば、神の助けによって、このもっとも難しいことも容易に達成できるのです」

「聖書の『山上の垂訓《すいくん》』とバガヴァッド・ギーターとの間には、何の相違もありません。『山上の垂訓』に生き生きと具体的に説かれていることが、バガヴァッド・ギーターでは科学的な言葉で表現されています。それは通常の『科学書』とは違いますが、わたしが『放棄の法則』とも呼んでいる『愛の法則』が、科学的に論議されているのです」

インド独立の直前、最後の総督ルイス・マウントバッテン卿との長時間におよぶ会談中、夕食をとっているガンディー。1947年4月、デリー

ハリジャン基金のために募金活動をするガンディー。1945年 12 月

「ギーターは言っています。『自分に割り当てられた仕事をしなさい。しかしその結果を放棄しなさい。執着せずに働きなさい。報いを求めずに働きなさい』と。

このギーターの教えには疑問の余地がありません。行為を諦める者は失敗しますが、報いだけを諦める者は栄えます。『結果を放棄する』ということは、結果に無関心でいることでは決してありません。すべての行為に対して、予期される結果を、とるべき手段を、そしてそれをおこなう能力があるかどうかを、知らなければなりません。そのような能力を備え、結果に対して欲望をもたず、目の前にある仕事そのものを完成させることに全身全霊を捧げる人は、行為の結果を放棄していると言えるのです」

「真のギーター信奉者は、失望の何たるやを知りません。その人には人知を超えた永遠の歓びと安らぎがあるからです。反対に、疑い深い人や、知性や学問を自慢する人には、安らぎも歓びもありません。篤い信仰心と、統一した心をもって一心にギーターを崇拝する謙虚な人にだけ、それは与えられるのです」

真実との一致

「統一した心」とは、ギーターではヨーガを意味している。知性、感覚、感情、本能などがひっきりなしに葛藤を起す通常の心とは、まったく逆の状態である。ヨーガとは、人格のあらゆるレベルにおいて、これらの断片をすべて完全に再統合させることで、「完全（whole)」へのプロセスなのである。

ロンドンで円卓会議がおこなわれていた間、ガンディーは一瞬たりとも無駄にせず、インドの独立に向けて働いた。ガンディーのメッセージと行動は、何の矛盾もなく、完全に一致していたため、おのずとイギリス人の心を打ち、大きな波紋を投げかけることとなった。ガンディーは、演説もステージ・イベントも準備する必要がなかった。というのは、かれの行為はすべて、自らが信じていることの表れだったからである。

円卓会議の席で、ガンディーはインド国民を代表して、その場に参集していた代表者たちの前で、2時間以上にもおよぶ演説を雄弁におこなった。演説の後、興奮したロンドンの記者たちが、ガンディーの秘書マハデヴ・デサイを取り囲んで、質問した。

「ガンディー氏は、何の準備もなく、手助けも必要とせず、メモすらも見ないで、どうしてあれほど見事な演説を、長時間にわたっておこなうことができるのでしょうか？」

「ガンディーが考えていること、感じていること、言っていること、おこなっていること、それらはすべて一致しています。ですからかれにはメモはいらないのです」

そう答えた後、デサイはにっこり笑ってつけ加えた。「わたしやあなた方は、あることを考え、それとは別のことを感じ、違うことを言い、さらに別のことをおこなっています。ですから、それらを記録しておくメモやファイルが必要なのです」

「執筆の際、わたしは自分が以前に言ったことを考えたりはしません。わたしが大切にしているのは、ある質問に対して、以前に述べたことと一致しているかではなく、その時点において目の前に現れている真実と一致していることです。その結果、わたしは真実から真実へと成長してきました。わたしは自分の記憶に無駄な負担をかけないようにしています。さらに言えることは、最近の著述を、以前のものと比較する必要が生じた場合、たとえそれが50年前のものでも、両者の間にどんな矛盾もないということです」

「人はいつか、あらがい難い力を発揮し、その行為が隅々にまで浸透するほどの影響力を持つようになります。それはその人が自分をゼロにしたときです」

自己をゼロにする

人生をありのままに見ることができる人は、きわめてまれである。おおかたの人は、ものごとを自分の尺度でとらえ、好き嫌いや偏見、先入観、欲望、興味、恐れなどの色眼鏡を通して、他者を見ている。世界をバラバラにさせているのは、この個人対個人、地域対地域、国家対国家といった分離主義的なものの見方である。世界をありのままに、「ひとつのもの」として認識するためには、私的な利益、権力、快楽、名声などへの執着をすべて手放さなければならない。そうしないかぎり、ものごとを自分の思い込みだけでとらえ、世の中をありのままではなく、自分の欲得のものさしで計ってしまわざるを得ないからである。

わたしたちは、長年にわたって身につけた癖によって、利己的な欲望を満足させることに汲々《きゅうきゅう》とし、それが自分の性格だと思いこんでいる。しか

ボンベイのジュフ・ビーチを歩いているガンディー。カストゥルバイが刑務所で亡くなった後、体調不良を理由に刑務所から釈放された。1944年５月

し、それは仮面でしかなく、わたしたちはそのはずし方を忘れてしまっているのである。その仮面の下には、まったく恐れのない、無条件の愛と歓びに満ちた真我（本当の自分）が輝いている。長年にわたり、自分よりも人を優先させることによって、ガンディーは仮面をはずして、「自己をゼロ」にすることができた。そのときガンディーは、自分のなかから取り除かれたのは、自他を区別する心と、自己中心的な心、そして恐れだけだったことを理解した。そして後に残ったのは、心のなかにずっと潜んでいた愛と、何ものも恐れない心だった。

古代インドの瞑想の師パタンジャリは言う。「敵意が全く消滅してしまった人はだれに対しても挑むことがないので、その人の前ではだれも敵意をもたない。恐れがすべて消滅してしまった人はだれに対しても威嚇《いかく》しないので、その人の前ではだれも怖がらない」これこそがまさに、真のアヒンサーによって解き放たれたネルギーの、正確かつ科学的な定義である。

「非暴力的な人にとって、世界はひとつの家族です。ですから、その人はだれも恐れないし、だれからも恐れられません」

セヴァグラム・アシュラムの夕べの祈りに、何百人もが集まっていたときのことである。ジリジリと照りつける灼熱の太陽が沈もうとする一日の終わりは、蛇がかま首をもたげてくる頃である。その集まりの席に、コブラがすぅーと滑るように這《は》ってくるのが見えた。コブラに噛まれると、たちまち毒が回り、命取りになる。インドの村には身近に医療機関がないため、コブラは人々にとって恐怖の存在である。群衆の間に不安のさざ波が広がりはじめた。パニックにおちいると踏みつぶされる人も出かねない。そのときガンディーは、群衆に向かって、動かないで静かにしているよう、身ぶりで示した。

台座に坐っていたガンディーは、腰巻きを身にまとっているだけで、脚も胸も腕もむき出しになっていた。群衆が固唾《かたず》をのんで見守るなか、コブラはガンディーの方へまっすぐ進み、ゆっくりと太股《ふともも》の上を這っていった。

動く者も、音をたてる者もいない沈黙の長い一瞬が過ぎた。その間ガンディーは、ラーマ、ラーマ、ラーマとマントラ（神へのことば）を唱えていたに違いない。コブラ自身も、恐れの記憶をまったく失ってしまったようであった。自分に害を加えることのない人間の前にいることを、それなりに感じとったのであろう。コブラはだれを害することもなく、ゆっくりと静かに滑り去っていった。

「もっとも単純なことが、もっとも難しい形をとって、わたしたちの前に表れることがあります。ですが、心が開かれていると、難しいことは何もありません。

非暴力は心の問題です。知的な功績によって実現するわけではありません。自分では気づいていないかもしれませんが、人は皆、だれでも神を信じています。と言うのは、どんな人も自分を信頼していますが、その信頼を無限倍したものが神なのですから」

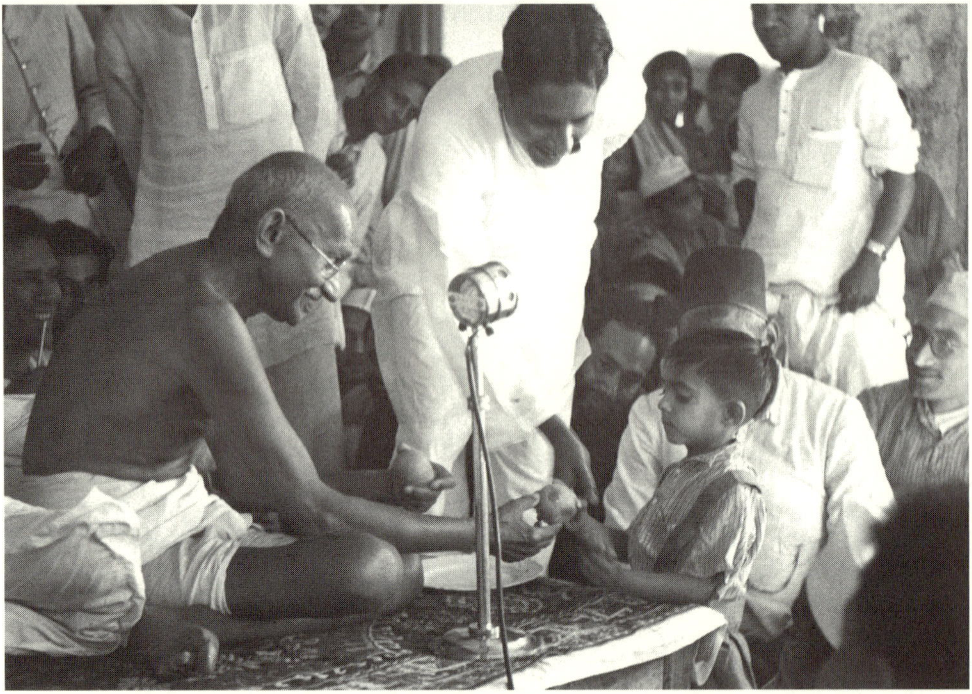

ビハールを遊説中、イスラム教の男の子に果物を与えているガンディー。1947年3月

マントラ

何ものをも恐れない強さが、ガンディーに生まれつき備わっていたわけではない。それどころか、高校生になっても、自分よりも背丈が低い同級生にさえ怯《おび》えていたほどである。ただガンディーには、芽生えつつある忍耐力と、自分を強くしたいという熱烈な欲求があった。

ガンディーに最初に救いの手を差しのべたのは、長年ガンディー家の召使いをやっていたランバーだった。

「怖がっている自分を認めるのは、悪いことではありませんよ。でもね、そんなときは逃げないで、脚をふんばって、『ラーマ、ラーマ』とマントラを心のなかで何度も繰り返したらいいのですよ。マントラを唱えていると、怖さが消えて、勇気がでてきますからね」と、ランバーは確信をもってガンディーに言うのであった。

ガンディーはランバーのことが大好きだったので、しばらくは言われる通りマントラを唱えていたが、それもすぐに忘れてしまった。西洋式の教育を受けていた若いガンディーにとって、マントラは単なる言葉の繰り返しでしかなく、迷信に思えたに違いない。信じる、信じないはともかく、どんなことも自分自身で確かめないで長い間、鵜呑《うの》みにするには、ガンディーはあまりにも科学的だった。けれども、ランバーがガンディーの心に蒔いた種は、子ども時代を通して深いところで成長し続けていた。そして南アフリカで数々のすさまじい対立や、人種間の憎しみの嵐に襲われたとき、心の奥底からマントラが甦《よみがえ》ってきたのである。その後の人生が物語るように、マントラは徐々にガンディーのもっとも強力な支えとなり、絶対的に信頼できる力の源となっていった。

「マントラは人生の杖となって、あらゆる試練をくぐり抜けさせてくれます……」
「一回唱えるごとに……新しい意味を持ち、一回唱えるごとにあなたを神へと近づけます」

マントラは、あらゆる宗教において唱えられている「霊的な決まり言葉」のことである。それは怒りを同情に、悪意を善意に、憎しみを愛にというように、心のなかにあるネガティブな要素をポジティブな要素に変容させる力を持っている。心を静めることによって、マントラはどんどん意識の奥へと入っていき、分裂した思いや対立した思いを深いレベルで融合させていく。

ガンディーのマントラ「ラーマ」には、「永遠の歓び」という意味がある。かれはマントラを心のなかで唱えながら、何マイルも散歩することを日課としていた。マントラのリズムと歩調が呼吸を整え、呼吸が整ってくるとおのずと心も整ってくる。恐れや怒りにおそわれたときは、ラーマにしがみついていると、ネガティブな感情に費やされていたエネルギーが、心の奥にある「歓び」へ向かうエネルギーに変換されていった。床につくときも、ラーマを繰り返し唱えることによって、歓びに包まれた状態で熟睡することができた。年月が経つにつれ、マントラは心に深く根を下ろしていた猜疑心《さいぎしん》や恐れの根源にまで浸透していき、ガンディーの心にゆるぎない歓びが確立されていった。そしてそれは、世の中の騒動に惑わされることも、暴力によって崩されることもない、心の習慣となったのである。

ガンディーは子どもの頃、お祭りの日に乳母ランバーに連れられて、ポールバンダールの市場の狭い曲がりくねった道を幾頭もの象が縫うように行進するさまを、何度となく見ていたに違いない。信心深いランバーの目には、象はマントラの効果を示す絶好のたとえであった。道の両脇に、ところ狭しと立ち並ぶ野菜や果物の屋台の間を、象は進んでいきながら、鼻を蛇のように右へ左へと落ちつかなくくねらせ、売り物のココナッツやバナナを房ごとつかんで、洞穴《どうけつ》のような口に放り込んでいく。どんなに脅《おど》しても、なだめても、鼻をおとなしくさせることはできない。ところが象をこよなく愛し、その習性を熟知している腕利きの象使いは、かれらに竹の棒をあてがうのである。すると象はたちまち、その竹の棒に鼻を巻きつけ、その瞬間から鼻はすっかり落ち着いて、あちこち動くことも、物をくすねることもなくなる。象は頭を上げて、誇らしげに鼻で竹の棒を支えながら、もはやココナッツやバナナなどに一瞥《いちべつ》をくれることもなく、混雑した通りを行進していくのだった。

ランバーは幼いモハンダスによく言ったものだった。

「モハンダス坊ちゃんの心は象の鼻のようね。でも心をマントラにしっかりつなぎとめていると、不安はみんな消えてしまいますよ」

これはバガヴァッド・ギーターのメッセージでもある。

「どのような状況にあっても、心を平静に保てよ――勝っても負けても、誉められてもそしられても、愛されても憎まれても。そうすれば、どこにいようと何ものも君を目標から振り落とすことはできない。そのとき、君は自由になったと言える」

マントラは心を静め、人格と意識を変容させる鍵となる「瞑想」に向けて心を整えてくれる。瞑想は宗教ではない。信条や教義などから独立した

東ベンガルのノアカリでの平和伝道中、移動小屋で
著述しているガンディー。1946年11月

新聞を読んでいるガンディー。1947年

ダイナミックな修行法である。すべての意識を、ひとつの大きな理想に集中させて心の奥に入れていくと、やがてそれよりも小さな理想や目標は、ことごとく消滅してしまう。瞑想によって、人は意識の深いレベルに入り込んでいく。そこは、心に深く刻まれている感情が昼夜を問わず嵐のように逆巻いている世界である。ガンディーが言うように、愛が怒りや恐れと格闘し、「すべての感情を完全に支配する」のは、この意識の深淵においてなのである。

瞑想の原理は、「人は自分が瞑想した対象そのものになる」ということである。ガンディーは、ギーターに書かれている理想の人間、つまり「他者への奉仕のためにすべてを放棄し、自由と歓びに生きる人」となるよう、心を統一させ、一心に瞑想した。

「ギーター第二章の最後の18節（55〜72節）には、いかに人生を有意義に過ごすか、生き方の秘訣が簡潔に述べられています。

その18の節は、わたしの心の銘板《めいばん》にしっかりと刻まれています。わたしにとっての叡智のすべてが、そのなかに含まれています。そこに説かれている真理は、『永遠の真理』です。論理的に述べられていますが、それらはすべて、実際に体験された知識なのです。

わたしはギーターの訳書や注釈書をたくさん読み、心ゆくまで議論したり思索したりしてきましたが、最初に読んだときの印象は決して拭《ぬぐ》い去ることができませんでした。これら18節は、ギーター解釈の鍵を握るものです」

ガンディー。1947年9月、ボンベイ

至高の境地

ギーターの第二章は、人間が到達し得るもっとも高い境地の描写で終わっている。それは、ギーターの理想をあますところなく表すものである。クリシュナ神は王子アルジュナに、人は十分に愛情深くなってくると利己的な執着がことごとく消え、それにともなってすべての焦燥《しょうそう》、すべての不安、すべての絶望が消滅すると説く。そこで、アルジュナが熱心に尋ねるのである。

「そのような人物は、どうすれば見分けることができるのでしょうか？

不動の知恵を持ち、自己が完全に確立できている人は、どのような特徴を持っているでしょうか？　どのように話し、行動し、攻撃されたときはどのように身を処すのでしょうか？」

クリシュナ神は答える。

不動の知恵を確立している人は、万物のなかに自分を見、自分のなかに万物を見る。愛の神（至高神）に向けられたその人の愛は、心をさいなむ利己的な欲望や感覚器官の渇望をことごとく焼き尽す。悲しみに心をかき乱すことも、快楽を切望することもなく、肉欲、恐れ、怒りからも解放されている。利己的な執着にとらわれることもなく、幸運に舞い上がることも、不運に絶望することもない。覚者とは、そのような人である。……

感覚器官の対象物に思いを巡らせていると、執着が生じる。執着から欲望が生まれる。所有欲が妨げられると、怒りとなる。怒りは判断力をくもらせ、過去の過ちから学ぶ力を奪ってしまう。判断能力を失うと、人生はまったくの徒労となる。

しかし、執着からも、嫌悪からも自由になると、感覚世界の只中にいても平安を得ることができる。そしてすべての悲しみは消滅する。そのとき人は真我の知恵に生きる。

統一されていない心は賢明さからはほど遠い。そのような心でどうして瞑想ができようか。どうして安らいでいられようか。安らぎを知らなければ、どうして歓びを知ることができようか。
心を感覚器官の欲求のままにさせるなら、嵐が船の航路を狂わせ座礁させるように、判断力を奪われてしまう。……

幾多の川が海へと流れ込んでも、広大な海はあふれかえることがない。同じように、感覚世界の流れを平安の海、覚者へと向かわせなさい。

「わたし」、「わたしのもの」というエゴの檻《おり》を破り出て、神と合一したものは、永遠に自由である。これこそが至高の境地。この境地に到達し、死から不死へと移行せよ。

ギーターのこれらの言葉は、ガンディーの人生を要約するものである。50年以上もの間、かれは朝夕これらの言葉に瞑想し、マントラの力を借りながら日常の行為に生かすことに専心した。これこそがガンディーの自己変容の鍵だったのである。

1944年５月、ボンベイにて

第四章　ひとりの人間として——生活すべてにわたる非暴力

人はどうあるべきか

アメリカ人ジャーナリスト、ルイス・フィッシャーは、長年にわたりインドでガンディーの政治活動を取材していた。やがてかれは、政治権力の激しい戦いに「愛の法則」をうまく応用させている、この小柄な人物に備わっている実用的な知恵に驚嘆するようになった。ついにフィッシャーが、ガンディーのアシュラムを訪れる機会を得たとき、かれの心をとらえたのは、政治家としてのガンディーではなく、ひとりの人間としてのガンディーであった。

そのとどまるところを知らないバイタリティー、温かさ、穏やかさ、確固たる強さ、どんなときにも失われないユーモアと、まわりの人を巻き込んでいく楽しさ。物質的には何も所有していないけれど、内面的な豊かさにあふれている。次から次へと続く苦難や、つまずきに耐えながらも、回復力と平常心は決して失わない。机の上には本が6、7冊おかれているだけだったが、実用的な知恵に満ちている——そんな人間、ガンディーがそこにいた。

フィッシャーは、ガンディーのもとで一週間過ごし、毎日ガンディーに会い、ともに歩き、ともに食事をしているうちに、そこを訪れる何百人もの人々と同じように、ガンディーが「人格の奇跡」と呼んでいるものに、心を奪われてしまった。ガンディーにとってもっとも大切な「実験」対象は、政治ではなく、暴力的な軋轢《あつれき》と変化に満ちた転変世界においてどのように有意義に生きるべきか、ということなのだ——アシュラムを後にしたとき、フィッシャーの心に残ったのは、そのような思いであった。

「人は、何をすべきか、ということを考える時間を減らし、どうあるべきか、ということをもっと考えるべきです。いい生き方をしていれば、仕事はおのずと輝いてくるからです」これは中世ドイツの神秘家マイスター・エックハルトの言葉であるが、まさにこの言葉の通り、ガンディーは「自分がどうあるべきか」ということだけを考えて生きた。そしてそれゆえに、かれの行為はすべてにおいて美しく輝いていた。ガンディーに出会った人々にとって、かれは生活のほんの些細《ささい》なことがらを芸術にまで高めることのできる偉大な「芸術家」だった。そしてそれは、敵対する立場にいる多くの人々にとっても、同じであった。

「わたしの人生は分かつことのできないひとつのものです。そしてわたしの活動は、すべてがお互いにつながっています。それらはすべて、人類に対するわたしの飽くことのない愛に根ざしているのです」

愛は要求しない

いかに人を愛すべきかを自分に教えてくれたのは妻だったと、ガンディーは後年、打ち明けている。カストゥルバイは、自分たちの結婚生活をむしばみはじめていた怒りや対抗心を一掃する方法を、身をもって示していった。仕返しや状況を悪化させるようなことはせず、夫の感情の爆発や過ちに耐えながら、つねにかれを支え、長所に目を向け、尊敬に値する人となるよう、黙って夫を勇気づけた。やがてガンディーは、自分が頭のなかで理想としていたことを、カストゥルバイがすでに毎日、実行していることに気がついた。それからというもの、ガンディーは妻を見習いはじめ、やがてお互いがお互いの教師となっていったのである。ガンディーはカストゥルバイから忍耐を学び、代わりに情熱を与えた。それは、ガンディーがよく言っていたように、海の水をすべてコップで汲み出そうとするほどの忍耐が求められる長くて厳しい自制であった。けれども二人の間に立ちはだかる障壁《しょうへき》が、ひとつひとつ取り除かれるたびに、相手に対する愛情が深まっていった。さらにほかの人に対しても、より愛情深く、より忍耐強

糸を紡いでいるカストゥルバイ・ガンディー。おそらく1940年

く接することができるようになっていった。やがてガンディーが、敵対する人々にまで愛情の枠を広げられるようになったとき、カストゥルバイもまた、投獄されていた刑務所のなかで、女性たちを集めてリーダーシップを発揮するようになっていた。

ガンディーは、自分のもとへやって来る人々が、ただちに自己変革を遂げ、何百万年にもおよぶ人類の進化の過程で培われてきた習性を、一夜にして逆転させ、「自分を愛する以上に敵を愛せる」ようになろうとは、期待していなかった。かれ自身、ここにいたるまでに、何度となく失敗を繰り返してきたからである。

「自分が立っているところからはじめなさい。インド総督やウィンストン・チャーチル卿に愛情をそそぐといった難しいことからではなく、まずはあなたの妻や夫、子どもを愛することからはじめなさい。かれらの幸せを最優先し、自分の幸せを後回しにすることを、生活のあらゆる瞬間において実行し、そこから愛の輪が広がっていくようにしなさい。最善を尽しているかぎり、失敗することはありません」

ガンディーは人々にこのように言っていた。そして実際にかれがサティヤーグラハを打ち立てることができたのは、自らに課したこの規律だった。それは人間の心のなかにあるもっとも深い欲求、すなわち「愛する欲求」に、直接応えるものだからである。

「愛は決して要求しません。いつも与え続けます。愛はいつも耐え、決して恨まず、復讐もしません」
「わたしたちは、真理と非暴力を個人レベルで実践するだけでなく、グループや社会、国家によっても実践されるようにしなければなりません。いずれにせよ、それがわたしの夢です。わたしは一生、その実現をめざして生きていきます。信仰心が、日々わたしにあらたな真理を発見させてくれています」

セヴァグラム・アシュラム

ガンディーは一生のうちに、いくつかのアシュラムを作った。そこにはありとあらゆる背景や国籍をもった男女や子どもが、愛と非暴力に基づいた生活の仕方をガンディーの日常生活から学ぶためにやってきた。ガンディーのインドにおける初期の活動拠点は、サバルマティ・アシュラムであった。アーメダバードの殺風景な繊維工場の真向かいにあるそのアシュラムに、人々は学びにやってきた。サバルマティは、ガンディーが15年間住んだ家であり、そこで手紡ぎ布の運動と、1930年の「塩のサティヤーグラハ」に着手した。やがてガンディーは仕事の求めに応じ、そのアシュラムをハリジャンのために寄付して、中央インドの村に移り、そこの人々とともに生活する家庭を築いた。かれのまわりにできあがったアシュラムは、「奉仕の村」という意味のセヴァグラムという名前で呼ばれた。

ガンディーはセヴァグラムの場所を決めるとき、綿密に検討して、ワルダという鉄道の分岐駅から何マイルも離れた、かくべつ暑さの厳しい場所を選んだ。涼しいヒマラヤ丘陵でも、ガンジス川流域の肥沃な土地でもなく、あえてそのような場所にしたのは、大半のインド人が厳しい条件のもとで生活を余儀なくさせられていることへの配慮からである。加えて、場所が不便なだけに、訪問客に煩《わずら》わされなくてすむことを期待していたのかもしれない。ところが、実際にふたを開けてみると、訪問者は後をたたず、2、3年もするとワルダ駅からアシュラムまで自然に道ができてしまった。また、あまりにもたくさん郵便物がやってくるので、政府は郵便局を開設せざるを得なくなった。さらに、あまりにもたくさんの電報が打たれるので、電報局も開設された。セヴァグラムは、まるで蜂の巣のような活気にあふれ、日常のごく小さなことでさえも、愛情をもっておこなうことの意味を、世界中の人に知らせることになった。

> 「アヒンサーは、魂が本来備えている資質です。ですから、すべての人によって、生活のあらゆることがらにおいて、実践されるべきものです。すべての領域において実践されなければ、実質的

セヴァグラム・アシュラムのなかにある自分の住居の前で。1935年、ワルダ

な価値はありません」

「わたしがどのように生き、食べ、坐り、話し、ふるまうのか、わたしの生活を観察してください。それらすべてを足したもの、それがわたしの宗教です」

瞑想からはじまる一日

ガンディーの一日は、朝の３時か４時にははじまっていた。涼しくて静かなインドの朝の時間を活用するためである。それは一日のなかで、心がもっとも静まっているときでもある。国家の重大な危機のさなかにあっても、ロンドンにいても、汽車のなかでも、「国王陛下のホテルの独房」のなかでも、この早朝の時間は必ず瞑想に当てられた。それはかれの一日のなかでもっとも貴重な時間、食事よりもはるかに大切な時間であった。毎朝、新しいエネルギーが内からほとばしり出て、身体の細胞がすべて新しく作りかえられる。忍耐、勇気、回復力、心から湧き上がるユーモアなどが、この朝の瞑想で養われるのである。

瞑想が終ると一日の仕事がはじまる。一刻一刻、ガンディーのすべての時間が、人々のために捧げられる。世界中からやってくる来客の流れは途切れることがない。ニューヨーク・タイムズのインタビュー、ハリジャンの投票権に関する問題の解決、産児制限に関するガンディーの意見についての論議、手におえない子どものしつけに対する助言など、想像し得るかぎりの理由で人々はやってきた。これらあらかじめインタビューを依頼していた人々のほかに、無言の群衆もいた。日常生活のどんな些細なことも楽しくさせる、この「セヴァグラムの質素で小柄な人物」を見にくる人々である。どこにいても、たちまちくつろいでしまうガンディーのそばでは、人々も同じようにくつろぐことができた。そしてあたかも自分がセヴァグラムの一員であり、このガンディーの大きな家族を自分のもののように感じることができた。

ガンディーはひとりひとりに注意を払い、ぎっしり詰まったスケジュールのなかから、かれらと話をする時間を捻出《ねんしゅつ》した。それはたとえば、朝の散歩のときであったり、朝食をとりながらであったり、紡《つむ》ぎ車越しであったりだった。ガンディーにはひとかけらのプライバシーもなく、立ち居ふるまいのすべてが人から見られていた。それゆえに、かれの生活には美しい透明感があった。一度、活動仲間のメアリー・バールが、たまたまガンディーがひっそりと自室にこもっているところに入っていったことがあった。翌日、そのことを詫《わ》びるメアリーの手紙に対して、ガンディーは「あなたはわたしの孤独の時間を妨げてはいませんよ。孤独は大勢の人と一緒にいるときに得られているのですから」と、返事をしている。

一見、混沌とした状況にあっても、ガンディーは細かいことにも注意を注ぎ、時間を厳しく守ることで秩序を保たせていた。かれは約束の時間を一分違《たが》わず守り、訪問者に対しても同じことを求めた。それは重要な英国の大臣でも、どんなに立派な地位の人でも、変わらなかった。

「一粒の米も、一片の紙切れも、無駄にすべきではありません。同じようにあなたの時間も、一分も無駄にすべきではありません。なぜなら、それはわたしたちのものではないからです。それは国に属するもので、わたしたちはそれを利用する管財人でしかないのです」と、ガンディーは書いている。

そうした激動の日々、ガンディーの一日の仕事は、しばしばプレッシャーと緊張をともなっていた。ネルーやインド政界の偉大な指導者が、数億人の国民の生活を左右するような重大な問題をたずさえて、何の前ぶれもなく遠路はるばるやって来ることもまれではなかった。訪問者はたいてい、数分もしないうちにガンディーのジョークに引き込まれ、思わず笑っている自分に気がついていく。そしてセヴァグラムを去る頃には、錬金術が施されたかのようにすっかり余裕を取り戻し、あらたな情熱とひらめき、抱えていた問題に対する明確な見通しと力を得て、問題解決に向けてやる気満々になっているのである。

このような国家の重大な危機のさなかにも、問題や悲劇はひっきりなしに身近で起こっていた。家畜をおそう疫病、肺炎で死にそうな子ども、妻と別れる許可を求めて近くの村からやってくる男性……これらすべての問

ガンディーの秘書ピアレラル・ナイアーの姪ナンディニに
誕生日の贈物をしているガンディー。1944年８月

題の背後には、インドの貧困層の深刻な問題が横たわっていた。それらの人々を自給自足、自立へと導く責任をガンディーは日々、担っていたのである。けれども、そのような幾多の試練を、ガンディーはあたかもダンサーのようなしなやかさでくぐり抜けていった。ガンディーはいつも陽気で、やさしく、穏やかな海のように平静で奥深かった。バガヴァッド・ギーターに「怒涛《どとう》のように荒れ狂う川も、やがては海に流れ着き、静まっていく」と述べられているように。

美しい人柄

しかしガンディーの美しさがもっとも際立つのは、アシュラムの家族といるときであった。それは世界中からやってくる男性や女性、子どもたちからなる不思議な集団で、それぞれの背景や性格があまりにもバラエティーに富んでいたため、ガンディーがインドでサティヤーグラハ闘争をはじめたときからの気さくな友人サルダール・ヴァッラバーイ・パテールが、からかいながら「人間動物園」と呼んでいたほどであった。

ガンディーは、行くところ行くところ、人々を魅了していった。人々のガンディーによせる愛と尊敬は、かれらの内に潜んでいた忠誠心、勇気、奉仕の大きな泉を解き放ち、生き方を完全に変容させていった。南アフリカにおいてもそれは同様だった。ガンディーが「家族」の枠を広げていくにつれ、多くの人がその一員になろうと集まり、かれの生き方に完全に共感していった。そしてその多くは女性であった。女性の持つ静かさ、たくましさ、我慢強さ、無欲さ、寛容さに対するガンディー独自の女性理解に感銘して彼女たちはやってきた。ガンディーは女性たちを賞賛して言った。

「非暴力が人間存在の法則であるなら、未来は女性とともにあります」

ガンディーは人々を家族に招き入れ、妻や子どもたちに対する愛をすべての人々に広げていったので、家族がひとり増えたところで別に支障はなかった。かれにとって世界全体が家族だったのである。ある日、レポーターに「子どもは何人いますか？」と尋ねられたカストゥルバイは、茶目っ気を見せながら、「わたしには４人いますが、バプ、夫には４億います」と答えたという。

アシュラムの家族ひとりひとりとの愛情に満ちたつながりほど、ガンディーの美しい人柄を表すものはないであろう。ガンディーは、人々の生活の細かい点にまで関心を向け、身近な人に多くのことを要求したときには、愛とユーモアと機知に富んだ態度でかれらに接した。そしてひとりひとりに対して、それぞれ異なった人間関係を築いていった。また、人々が何を必要としているのか、細かいことまで気にとめ、忙しいスケジュールのさなかにおいても、身近な人たちが必要としているごく小さなことに関心を払い、人々を驚かした。

アシュラムのなかでは、どんな些細なこともガンディーの目を逃れることはなかった。午後のひとときは、子どもたちと冗談を交わしながら遊んだり、台所の仕事が順調にいっているかどうかなどを好んで見てまわったりした。そして病人に対しては特別の愛情を注いだ。子ども時代から持っていた看護に対する情熱をかれらにそそぎ込み、セヴァグラムの診療所の病室にいるひとりひとりに、小さなギフトやニュースを持って訪れるのだった。

ガンディーがいるところには、いつも陽気な光景があった。ガンディーを何度か訪問したことのあるルイス・フィッシャーは、ある朝、隣の部屋から聞こえてくるアシュラムの女性の若々しい歌声で目を覚ました。その女性がベランダに出てきたので、フィッシャーは、どうしてそんなに楽しそうに歌っているのかと尋ねた。

「だって、とても幸せなのですもの」

ジャワハルラール・ネルーと冗談を交わしているガンディー。1946年、ボンベイ

「どうして幸せなのですか？」

「バプのそばにいられるのですもの。わたしたちはそれだけで幸せなのよ」と、彼女は微笑みながら答えた。

夕食そして祈り

セヴァグラムでの夕食は、初めての人には驚きの連続であった。ガンディーは美食《グルメ》には関心がなかった。肉体は奉仕のための道具と考えていたので、車にガソリンを入れるのと同じように、身体に食物を与えていた。そして人々に、「必要な量だけ食べなさい。お腹が空いているときだけ、そして人のために少しでも働いたときだけ食べなさい」と、勧めていた。ロンドンに留学していたときから、さまざまな菜食の組み合わせを試していたガンディーは、自分が作った料理が美的かどうかは、笑いながら無視した。ときには、まことに奇妙なものができあがることもあったが、そうした場合は、好きなお客をひとり招待し、ビタミンがいっぱい詰まった正体不明のスープとか、胆汁のように苦いチャツネなどの「最新作」をふるまった。ガンディーにとって、食事は栄養がありさえすれば十分だった。栄養があると分かれば、おいしさも倍増するからである。

アシュラムの食事には、家庭の夕餉《ゆうげ》のような暖かい雰囲気があった。ガンディーは、どんなにいい食べ物も、愛情を込めて料理され、愛情をもって食べるのでなければ、何の栄養にもならないことを知っていたので、ちょっとした冗談を言ったり、親しみのこもった質問をしたりして、皆が気持ちよく食事ができるように配慮した。食事中に喋ることはほとんどなかったが、大切なことには関心を払い、心を集中させた。そのような態度を通してガンディーは、どんなに小さなことでも、自分が今やっていることに完全に集中するよう、アシュラムの家族に教えていたのである。そうすれば、厳しい活動のさなかにおいても、怒りや恐れに心をさらわれることはないからである。

夕食が終ると、一日の公務はすべて終ったことになる。しかしアシュラムの外には、ガンディーの散歩に参加しようと多くの人々が集っていて、

マヌベン・ガンディー、アバ・ガンディーとともに。二人は晩年のガンディーにつき添っていた。ビルラ邸にて。1947年２月、ニューデリー

散歩は行列のようになる。それは、中央インドの厳しい暑さが少し和らぐ頃である。一日のうち、せめてこの夕刻の一時間を自分のために使えるなら、どれほどありがたかったことだろう。ところがガンディーは、その貴重な時間を自分と話をしたい人々や、質問がある人々に与えることを選んだ。そして人々が黙っているときは、アシュラムの子どもたちを喜ばせようと、冗談を言うのである。70歳を過ぎてもガンディーは早足だったため、散歩の行列はしばらくするとまばらになってくる。その身体は軽々としていて、足がわずかに地にふれるだけで、まるで飛んでいるようだった。

ジュフ・ビーチでの祈りの集会にて。1944年5月、ボンベイ

散歩の後、熱帯の夜空の下で祈りの集会がはじまる。太陽が沈むと何百人もの人がほやつきランプを手に、ガンディーの話を聞きにやってきた。群衆は騒々しく、海のように揺れさざめいている。

登場したガンディーは一見、痩《や》せて弱々しそうであるが、威厳に満ちている。ガンディーが、かすかに手を挙げて合図をすると、人々は不動になり、すべての目が台座の上の小さな姿に釘づけになる。

ガンディーの声は穏やかで優しい。静かだけれど遠くまで響く。2、3分ほど話をしているうちに、ガンディーは聴衆が感じていることや、求めていることを、吸収していく。言葉がゆっくりと、正確にガンディーの口から出てくる。かれのなかでひとつの考えがわき起り、それが発展し、簡潔で力強いスピーチへと明確になっていく様子が、まるで子どもの話を聞いているように分かる。肉体という衣服を、あたかもマントのように気軽にまとったガンディー。それは45キロもない脆弱《ぜいじゃく》なマントだったけれど、与える印象は無限のスタミナと、強さ、計り知れない精神力であった。宵闇が迫るなか、一瞬、仏陀の姿が浮かび上がってくる。2500年以上も昔、紛争で引き裂かれた世の中に不殺生の教えを説いた慈悲深い仏陀――長い年月の隔たりが一瞬にして消え去ったかのようであった。

祈りの集会では、コーランや聖書の「山上の垂訓」など、さまざまな宗教の聖典が朗唱される。しかしガンディーがもっとも深い霊感と指針を得たのはギーターであった。マハデヴ・デサイがガンディーのそばに坐り、「完全な人間」について書かれているギーターの第二章を朗唱しはじめた。ガンディーは生涯を通じて、このギーターの理想を自分の日常生活に生かそうとしてきたのである。格調高い詩文が朗々と響きわたると、ガンディーがその言葉に完全に吸い込まれていき、心が静まり、不動となり、力強い精神が解き放たれている様子が見てとれる。ガンディーはギーターの言葉に完全に集中していたため、その場にいる人々は、もはやギーターの第二章を「聞いていた」のではない。「見ていた」のである。ギーターの第二章に説かれている「人格の変容」が、目の前で繰り広げられているのを目撃していたのである。

> 「わたし」、「わたしのもの」というエゴの檻を破り出て、神と合一したものは、永遠に自由である。これこそが至高の境地。この境地に到達し、死から不死へと移行せよ。

「いかに死ぬかは、いかに生きてきたかの結果です」

祈りの集会で、深い瞑想状態にはいっているガンディー。1944年9月、ボンベイ

「わたしの人生が、わたしのメッセージです」

最後の悲劇が起ったのは、そのような夕べの祈りの集いでのことだった。当時、ガンディーはデリーで、ヒンドゥー教徒とイスラム教徒の和合に向けて奔走《ほんそう》していた。祈りの時間がきたとき、ガンディーはいつも通り、きびきびとした足どりで、アシュラムの二人の女性の肩に腕を回し、集いの場所に向かって歩んでいた。会場には、ガンディーの話を聞こうと多くの人が詰めかけていた。群衆の間を縫って台座についたガンディーは、顔の前で合掌した。そのときのことである。憎しみで心をくもらせた若い男が、ガンディーの前に現れ、同じように合掌をしたと思うと、ガンディーの心臓めがけて銃を放った。ガンディーの身体が倒れ、その口から「ラーマ、ラーマ、ラーマ」が突いて出た。心の奥底から出たこのマントラは、「わたしはあなたを許します。あなたを愛します。あなたを祝福します」というメッセージであった。

人間の本質は、肉体という器にかろうじて入ることができる、無限の「霊の力」である。心のなかにあるすべての希望、すべての願望、すべての情熱、すべての意志が融け合って一体となったとき、この「霊の力」は解き放たれる。それは、今生において実現することも可能である。この「霊の力」は肉体が滅んだ後に、再び封じ込められるものではない。ガンディーは、自分を「非暴力の力」そのものにした。その力は決して滅びることがなく、個人や社会や国家が、すべての意志とすべての力を捧げて非暴力に転じたとき、再び目覚めるのである。

かつてガンディーを乗せた列車が、駅をゆっくり発とうとしたとき、ひとりのレポーターが息せききって駆け寄り、自分の国の人々へのメッセージを求めた。ガンディーは急いで、紙の切れ端に走り書きした。「わたしの人生が、わたしのメッセージです」このメッセージは、大きな政治の舞台のみに適用されるものではなく、日常生活の只中、「今ここ」で適用されるものである。

「わたしには、教えるべき新しいことは何もありません。真理と非暴力は、自然の山々と同じくらい古いのです。わたしが今までやってきたことは、できるだけ広い範囲で、その両者について実験することでした。ときに間違うこともありましたが、わたしはそれらの過ちから学んできました。かくして、人生と人生に付随する問題は、わたしにとって、真理と非暴力の実践のための多くの実験となったのです……。

夕べの散歩、1944年７月

わたしの哲学――このようなもったいぶった言葉を使うことが許されるなら――は、すべて、わたしが言ってきたことのなかにあります。しかしそれは、『ガンディー主義』と呼ばれるものではありません。それは『主義』ではないからです。そしてそれには、手の込んだ文章や宣伝は必要ありません。わたしの立場に反対するために、聖典が引用されたこともありましたが、わたしは、真理が決して何ものにも犠牲にされない立場を強く守ってきました。わたしが示してきた純然たる真理を信じる者は、その真理を生きることによってのみ、説得力を持つことができるのです」

散歩中のガンディー。1944年

カーン・アブドゥル・ガッファー・カーンとともに早朝、散歩するガンディー。1947年、ビハール

非暴力はいかに作用するか

ティモシー・フリンダーズ

サティヤーグラハ——魂の力

本書でエクナット・イーシュワランは、霊的な人間としてのガンディー、政治改革者としてのガンディーにスポットを当て、その成長の軌跡をたどってきました。ここでわたしは、サティヤーグラハを現代社会の問題にどのように適用させられるのか、ガンディーが説明したその本質について、もう少し深く探っていきたいと思います。

サティヤーグラハというと、わたしたちはたとえばガンディーがイギリスの支配からインドを解放したときに用いた戦略というように、社会改革のためのひとつの手段だと思いがちです。それはそれで正しいのですが、それだけではガンディーの意図が完全に伝わったことにならないでしょう。サティヤーグラハは、人間生活におけるさまざまなレベルの対立を、非暴力的な視点でとらえ解決するための方法です。そしてそれは、個人の内面的な葛藤から、家庭や、地域社会、組織、国家間における対立にいたるまで、広範囲にわたって用いることができます。対立が生じたときは、どんなに些細なことでも、深刻なことでも、サティヤーグラハは常に重要な役割を果たすのです。

ガンディーが展開したサティヤーグラハは、単なる手法でも、理論でもありません。生き方そのものです。ガンディーの考えにはすべて、このことが深く刻みこまれているため、サティヤーグラハを適用させることによってのみ、つまり「サティヤーグラハを生きることによってのみ」、それらは可能となります。サティヤーグラハはガンディーが創作したものではありません。サティヤーグラハは「自然の山々と同じくらい古いのです」というガンディーの言葉にあるように、それはかれが再発見したものなのです。ガンディーはサティヤーグラハの原理を定義し、それをできるだけ大きな規模で応用し、その有効性を示していきました。同時に、わたしたちひとりひとりによってごく身近なレベルで実践されなければならないことも、明確にしていきました。

インドの億万長者でガンディーの支持者のひとりG・D・ビルラは、ガンディーとともに1931年に開かれた円卓会議に出席するために、ロンドンの市街地を車で移動していました。その日の朝、ガンディーがおこなうことになっていた演説のことが気になって、ビルラは尋ねました。

「今日お話しすることについて、準備はされているのでしょうね？」

「いや、わたしはまったくの白紙です。でも程よい頃に、神様が考えをまとめる手伝いをしてくださることでしょう。要は素朴な人間のように喋ることです。ことさらインテリに思われようなどとは考えていません。わたしが言わなければならないのは、純朴な村人の言葉のように、『われわれは独立したい』ということだけですからね」

ガンディーは、ごくふつうの人々がそのパワーを発揮できるように、「素朴」な人々を念頭にサティヤーグラハを展開していきました。サティヤーグラハには高い学位も、特別な訓練もいりません。なぜなら、人間のもっとも本質的な特性である「愛情」の上に打ち立てられているからです。人はだれでも、サティヤーグラハの大きな力を内に秘めている、ただ引き出し方を知らないだけだと、ガンディーは主張しています。

「あなたにお守りをひとつあげましょう。疑いがもたげてきたりエゴが強くなりすぎたりしたときには、次の方法を試してみてください。まず、あなたが今までに出会ったもっとも貧しく、もっとも無力な人の顔を思い浮かべます。そしてあなたが意図していることが、その人の役に立つかどうか自問してみるのです。
『それはかれにとって益になるだろうか？』
『それはかれに生活や運命を切り開いていく力を取り戻させられるだろうか？』
言い換えるなら、それは（中略）お腹がすいている人や、精神的に飢えている何百万もの国民を、自立させることができるかどうか、ということです。そうすると、やがてあなたのなかから疑いとエゴが消えていることに気づくでしょう」

サティヤーグラハは、人によってそれぞれ多くの意味を持っています。ガンディー自身も、広い意味でその言葉を使っていました。サティヤーグラハは究極的には独立運動でも、政治的手法でもありません。もちろん、状況によってそれらを意味することもありますが、本質的には「霊的な力」のことです。つまり自覚している人はごくまれですが、サティヤーグラハはすべての人のなかにある強力なエネルギーの源なのです。

ガンディーは1908年に、南アフリカでこのサティヤーグラハという言葉を作りました。ある明確な力を念頭においていたガンディーは、その力をそのまま正確に表す言葉、とりわけ「受動的抵抗」という用語との関連を排除する言葉を探していました。ガンディーは南アフリカでの闘いにおいて、サティヤーグラハを次のように定義しています。

「サティヤー（真理）には『愛』という意味が含まれています。アグラハ（確固たる態度）はものごとを『生み出す』ものであるため、『力』の同義語です。かくしてわたしは、インド人の闘いを『サティヤーグラハ』と呼びはじめました。すなわちそれは、真理と愛、つまり『非暴力』から生まれた力なのです」

サティヤーグラハはこのように、文字通りの意味を持つ言葉ですが、同時にそれは、二十世紀初頭に南アフリカで着想を得てから、第二次世界大戦中、イギリス権力との最終的な闘いにいたるまでの、ガンディーの考え方の本質を明確にとらえている言葉でもあります。その間、サティヤーグラハはデモ、同盟休業、断食、ボイコット、市民的不服従などといった、さまざまな形をとってきました。しかしガンディーにとって、それはまぎれもなく、「真理の探究」と「非暴力」を固持することから生まれた力でした。

サティヤー（真理）は、「存在するもの(sat)」から派生した言葉ですが、究極的には「決して変わらないもの」、「どんな状況においても、常に真理であるもの」のことです。ガンディーにとって、サティヤーは「神」の同義語でした。ガンディーは、「真理は神なり」と明言していましたが、反面、「絶対的真理を知っているのは神だけです」と、警告も発していました。一方、人間が追求することができるのは相対的な真理だけです。しかし真理の探究が純粋で、私心のないものであれば、決して人を傷つけることはないと、ガンディーは信じていました。

「ある人にとって真理に思えることが、ほかの人にとってはそうでないこともよくあります。けれども求道者はそのことに心を煩わせる必要はありません。真摯な努力がなされているところでは、異なって見える真理も、一本の木から生えている無数の、それぞれが異なる葉っぱのようなものです。（中略）真理は、神の正しい称号です。ですから、自らの見解にそって真理に従っている人は、だれも間違ってはいません。事実、そうすることがその人の義務なのです。そのように真理に従っている人が過ちを犯したとしても、その過ちは自動的に修正されるでしょう。真理の探究には苦行が、ときには死にいたるまでの苦しみがつきものです。そこには私欲の痕跡すらありません。このように私欲をもたず真理を探究していると、長い間、方向を見失ったままでいることはありません」

アグラハは、辞書には「強く主張すること」、「何かに対する強く頑固な傾向」、「執拗さ」などと定義されています。ガンディーが細心の注意を払ってこの言葉を選んだのは明らかです。かれにとってサティヤーグラハは、どのような状況においても確固として、粘り強く、真理に固執することです。探求に向けての「不屈の意志」、これこそが探求に力を与えるのです。

しかし真理に固執するだけでは十分ではありません。人間の性格を熟知していたガンディーは、真理それ自体が「非道徳的」になることもあり得ると感じていました。「なぜなら、今日だれもが、自己を律することなく『良心の権利』を要求しているため、あまりにも多くの虚偽が、混乱した世界に持ち込まれているからです」

真理の探求を、不純で、「非道徳的」にしているのは、探求している人の「私心」にほかなりません。虚偽に対するガンディーの解毒剤は、自己中心な性質を意図的に減らしていくことでした。そしてそれを、「あなた自身をゼロにしなさい」という簡潔な言葉で説明しました。この自我《エゴ》の縮小は、前述の「自己を律する」ことであり、それを実践しない限り、「真理の探求」は独りよがりで、傲慢で、専制的にすらなりかねません。

「人はいつか、あらがい難い力を発揮しその行為が隅々にまで浸透するほどの影響力を持つようになります。それはその人が自分をゼロにしたときです」

エゴは人間のなかにあるサティヤーグラハの無限のパワーを封印します。ですから、エゴを取り除くことによって、パワーが解き放たれるのです。このパワーは、芸術家が「自分の力を超えたところで作品が生まれた」と言うときの、神がかり的な力にたとえられるでしょう。ガンディーはそれを「魂の力」と呼びました。「サティヤーグラハは純粋で、シンプルな魂の力です」と、かれは言っています。

しかしガンディーは比喩的にそのように言ったのではありません。かれはサティヤーグラハを、文字通り、「力」だと言っているのです。人はだれでも条件さえ整えば、途方もなく大きなパワーを発揮することができ、「その行為が隅々にまで浸透するほどの影響力を持つ」ことを、ガンディーは信じ、自らの人生でそのことを示してきました。そのとき、わたしたちは「抵抗できないほどの魅力」を持ち、対立を力で征服するのではなく、溶解させ、ついに相手を同意させることができるのです。

この力を「受動的抵抗」と呼んでしまっては、その積極的なパワーについての無知をさらけ出すことになるでしょう。それは、光を「暗闇にあらず」と定義するようなものです。その場合、「光は暗闇が欠如した状態」という誤った意味合いとなり、光がエネルギーのひとつの形態であり、街々を隈なく明るく照らすことができるという事実をあいまいにしてしまいます。

サティヤーグラハも同じです。それまでその力に対する無知と、適切な呼び名を持たなかったために、明確にされていませんでしたが、正しく理解されたサティヤーグラハには、人間のもっとも難しい問題でさえ解決できるパワーがあるとガンディーは言っています。レーザーによって増幅された光が巨大なパワーを得るように、個人のパワーも自己を律し、「自分をゼロにしていく」ことよって、あらがい難いほど強力になるのです。ガンディーは、私心を消滅させた人はこのエネルギーを発現させ、どのようなレベルの対立をも解決できる「平和の道具」となることを、身をもって示そうとしました。同時に、このパワーは、ごく少数の選ばれた人だけのものではなく、すべての人に備わっていることも、明確にしました。

「（サティヤーグラハは）個人のレベル

でも社会のレベルでも用いることのできる力です。政治問題にも家庭問題にも、同様に適用できます。あらゆることに適用できるということは、その永遠性と無敵性を示すものです。男性も、女性も、子どもも、同じように用いることができるのです」

アヒンサー

アヒンサー(不殺生)はガンディーにとって、「真理」——正確にいえば真理への道——を表すもっとも崇高な形でした。

「『アヒンサー』と『真理』は密接に結びついているので、それらをほどいて別々にすることは、実質的に不可能です。それらはコインの裏表のようなもの、あるいは、むしろ何も型押しされていない金属盤の裏表といったほうがいいかもしれません。どちらが表でどちらが裏か、だれにも見分けられないからです。とはいえ、あくまでもアヒンサーは手段であり真理は目的です」

アヒンサーは、サティヤーグラハの根幹であり、サティヤーグラハが固執している「絶対にゆずれない最低限のこと」、その価値をはかる決定的な指標です。

インドの古い民話に、年老いたヒンドゥー教のサンヤシ(僧侶)の次のような話があります。

サンヤシは川の土手に坐って、心のなかでマントラを唱えていました。と、近くの木から一匹のサソリが川に落ちました。水のなかでもがいているサソリを見て、サンヤシはかがみこんで川からサソリをつまみ出し、木に戻してやりました。そのとき、サソリはサンヤシの手を噛みました。けれども、サンヤシはそのことに頓着しないで、マントラを唱え続けていました。しばらくすると、そのサソリがまた川に落ちました。前回と同じように、サンヤシはサソリを助け、木に戻してやり、また噛まれました。この小さなドラマは何回もくり返され、その都度、サンヤシはサソリを救ってやり、噛まれました。

たまたま、水を汲みにきていたひとりの村人が、一部始終を眺めていました。この修行僧のおこないの意味を知らない村人は、ついに黙っていられなくなって、少しいらだちながらサンヤシに尋ねました。

「スワミ様、わたしはあなたがあの間抜けなサソリを何度も救ってやり、その都度、噛まれているのを見ていました。どうしてあの間抜けを放っておかないのですか?」

「兄弟よ、いかんせん、サソリはどうしようもないのじゃ。噛むのがサソリの習性じゃからのう」

「それはごもっともです。けれども、そのことを承知されているなら、どうしてサソリをお避けにならないのでしょうか?」

「兄弟よ。わしもどうしようもないのじゃ。助けるのが、わしら人間の習性じゃからのう」

アヒンサーは通常、英語では「ノンバ

イオレンス（非暴力）」と訳されていますが、この物語が示すように、それをはるかに超える意味を持っています。アヒンサーは、サンスクリット語で「殺す」という意味の動詞の語根 han から派生した言葉です。hims は「殺す欲望を持つ」という意味で、その前につく接頭語 a は否定を表します。それゆえにア・ヒンサーとは、文字通り「殺すいかなる欲望も持たない」という意味で、おそらくヒンドゥー教、ジャイナ教、仏教における倫理・道徳の基盤となる教えでしょう。ヒンドゥー教の大法典である『マヌ法典』には、「アヒンサー パラモ ダルマ」（アヒンサーは至高の法則である）と書かれています。そして、それはガンディーが言うように、「人間性の本質そのもの」なのです。

「暴力は野獣の法則ですが、非暴力はわれわれ人類の法則です。残忍な人は、霊性が休眠状態になっていて、肉体的な力の法則しか知りません。人間の品性は、より高い法則、霊の力に従う必要があります」

英語のノンバイオレンス（暴力に非ず）という言葉には、消極的で、受け身的なニュアンスがありますが、サンスクリット語のアヒンサーは、パワーが解き放たれたダイナミックな心の状態を示唆しています。「力は肉体的な能力から出るのではありません。不屈の意志から出るのです」と、ガンディーが言っているように、かれ自身、不屈の意志のなかに力を見出し、人にもそうするよう熱心に勧めました。この内的な力は、人間の意識の奥に潜んでいるもので、非暴力を完全に守ることによって引き出すことができます。暴力がこの内なるエネルギーをせき止め、最終的に破壊的な結果をもたらすのに対して、正しく理解されたアヒンサーは無敵です。「アヒンサーとサティヤーを合体させると、あなたは世界を足元におくことができます」と、ガンディーは書いています。

「アヒンサーは法である」とガンディーが言うとき、わたしたちはその言葉を文字通り受けとめるべきでしょう。事実、かれにとってそれは、「重力の法則」と同じように明らかな法則であり、人間の営みの只中で実証されるべきものでした。ガンディーは、アヒンサーの実践を科学的にとらえ、「わたしは、科学的な精密さをもって、非暴力と、その可能性を 50 年以上ものあいだ、途切れることなく実践してきました」と、言っています。

ガンディーは几帳面で、注意深く、そして厳格でした。マラーティー語の讃美歌のなかにある「わたしに愛をください。平和をください。おお、主よ、でも常識を否定しないでください」という言葉を引用するのが好きでした。真理を試す手だてとして「経験」に価値をおき、自ら追求し、「真の非暴力」と呼んだアヒンサーを、人間の営みのあらゆるレベルにおいて実践していかなければならないとしました。ガンディーは次のように明言しています。

「わたしはそれを、人生のすべての歩みに適用させました。家庭においても、組織においても、経済においても、政治においても。そして、失敗したことは一度もありません」

そして、この「すべてにわたる非暴力」を満たさないものには、興味を持ちませんでした。なぜなら、アヒンサーはかれの宗教、政治、私生活の連続体のなかから生まれ、そしてその連続体のなかで実践されるものだったからです。「対立の只中で、そして対立があるにもかかわらず」、実践することによってのみ、真価が出るのです。そして評論家たちには、かれの理論を分析するよりも、その試みの結果を観察するよう忠告しました。

「非暴力は、修道院における修行のように、個人的な安らぎや悟りを得るためにおこなわれるものではありません。それは、社会にとっての『行為のルール』です。（中略）日常生活のなかで実践することによって、その真価が分かるのです。そしてそれは、天国を地上に持ちこむことです。（中略）ですから、非暴力の実践を、洞窟で修行生活をしている人人や、来世でもっといい地位を得る目的のために限定することは、間違いです。人生のすべての歩みにおいて目的とならないのなら、どんな美徳も役に立ちません」

ガンディーの非暴力への固執は、非暴力こそが対立を永遠に解決する唯一の方法だという、自らの経験に基づいています。暴力はただ見せかけの解決を生むだけで、苦々しさと敵愾心《てきがいしん》の種を蒔き、最終的に状況を分裂させることにしかならないと、ガンディーは感じました。しかし、わたしたちがそのことを理解するためには、アヒンサーを自ら実践する必要があります。ガンディーの考えでは誠意をもって非暴力を唱道したり、非暴力について本を書いたりするだけでは、十分ではないのです。

「個人的な人間関係において、非暴力を実践しないのであれば、その人は大きく間違っています。慈善の場合と同じように、非暴力も家庭のなかからはじめなければならないのです」

非暴力の実践は、決して簡単なことではありません。事実、ガンディーが簡単だと言ったことは、一度もありません。真の非暴力は自己規律として、「行動規範」として、自分の生き方全般にたえず目を光らしていることです。なぜなら、真の非暴力とは、ただ行為においてだけでなく、言葉や思考においても、非暴力であることだからです。

「アヒンサーは、単純で簡単なことのように思われていますが、そうではありません。どのような生き物も傷つけないことは間違いなくアヒンサーの一部です。しかし、それはアヒンサーの最低限のことでしかないのです。アヒンサーの原則は、よこしまな考えや、不必要に急ぐことによっても損なわれますし、嘘をついたり、憎んだり、人の不幸を願ったりすることによっても、損なわれます。世の中が必要としていることを出し惜しみすることによっても、侵害されます」

アヒンサーの実践がいかに真剣さをともなうものであるかは、一目瞭然でしょう。アヒンサーを正しく実行することによって、人生模様が変わってきます。真のアヒンサーを身につけるには、一生かかるかもしれませんが、ここでガンディーが言っているのは一時的な気晴らしや娯楽についてではなく、世界の顔を変えていくことです。ですから、かれは非常に真剣でした。

「実際の対立の場において非暴力を実行することは、意識的な苦しみを意味します。それは悪をおこなう者の意志におとなしく屈服することではなく、暴君の意志に対して全身全霊で闘うことだからです。この非暴力という人間存在の法のもとで闘うことによって、たったひとりの人間が自己の名誉、宗教、魂を救うために、不当な帝国のすべての力に対抗して挑み、帝国の崩壊、あるいは再生のいしずえを築くことができるのです」

よく誤解されることですが、アヒンサーは従順であることとは異なります。敵対者に思いやりと同情を示しながら、どのような対立に対しても、決然と足を地につけて闘うことです。暴力とは違って、アヒンサーは目には見えず、ごくふつうに浸透しているので、わたしたちはその作用にあまり気づきません。しかし、目に見えないからといって、効力が薄いわけではなく、逆に対立することを困難にさせます。

「非暴力は活性化したラジウムのようなものです。微量のラジウムが有害な細胞に埋め込まれると、静かに絶え間なく、病気の組織全体が健康体に変わるまで作用します。同じように、真の非暴力は、たとえそれがほんのわずかだとしても、静かに、微細に、目に見えない形で社会全体を徐々に変化させることができるのです」

サティヤーグラハの挑戦

南アフリカ 1906 年
～不平の軽減でなく対立の根源を解決

「インドが東洋文明の中心とすると、南アフリカは西洋文明を代表しています。現代の思想家はこの二文明は相容《あいい》れないと考えています。この対立する二つの文明を代表する国民が出会ったときは、たとえ小人数だったとしても、両者はぶつかり合い、『爆発』が起るでしょう。西洋は東洋がもっとも大切にしている簡素さに対抗しています。どうすればこれらの対立した見方に折り合いをつけることができるのでしょうか？」

「西洋文明の善し悪しはともあれ、西洋人はそれに固執したいと思っています。

そしてそのために、とめどなく血を流してきました。ですから、かれらが自分たちのために新しい道を描くには、もう遅すぎるのです。このように考えると、インド問題は商売上のねたみや人種的な憎しみなどに帰着させることはできません。問題は、単に西洋が自らの文明を保持しようとすることにあるのです」

「南アフリカでは、インド人はその素朴さ、我慢強さ、粘り強さ、質素さ、超俗性で、嫌われています。西洋人は進取の気性に富み、辛抱が足りず、物質的欲求を増幅させ、それを満たすことに夢中になっています。陽気なことが好きで肉体労働を避け、浪費癖があります。ですから、かれらは何千人ものインド人が南アフリカに定住すると、自分たちが窮地におちいってしまうのではないかと心配しています。南アフリカの西洋人には、自ら命を絶つ覚悟はなく、指導者たちも国民をそのような窮状に追いやることを許さないでしょう」

サティヤーグラハは、対立を実質的に解決する方法です。対立している二者の争いを解決する伝統的な方法は、一方が他方を支配することによってでしかなく、そしてその支配が承認されていることです。つまり、一方は他方の犠牲によってのみ成功できるという仮説の上に成り立っているのです。成功は、理性や説得によって得られる場合もあるし、脅しや恐喝、力の行使によって得られる場合もあります。しかし、「勝者があれば、必ず敗者がある」という仮説は、いつも同じです。さらに、「妥協」でさえもこの仮説の上に成り立っています。と言うのも、妥協は一方の側が他方を犠牲にして、できるだけ多く得ようとすることであり、妥協せざるを得ないので妥協しているにすぎないからです。

サティヤーグラハは、この仮説に挑戦します。対立者を征服したり、その主張を完全に打ち負かしたりする代わりに、対立の根源そのものを解決しようとするのです。ガンディーは、「サティヤーグラハが求めるのは、対立そのものを一掃することであり、対立者を一掃することではありません」と、簡潔に言っています。これは重要なポイントです。なぜならこれは、自分にとって都合のよい結果さえ得られればよいとする他の社会活動から、サティヤーグラハをただちに切り離すものだからです。

サティヤーグラハの目的は、「不平を軽減させること」にあるのではありません。不平の軽減は、単にサティヤーグラハに付随するもので、究極の目的は対立の根源、敵意、不信を解決することです。サティヤーグラハは、その非暴力的なヴィジョンがもたらす双方にとっての共通の価値を敵対者に説得することによって、対立を解決しようとします。その共通の価値とは、「人は対立するよりも協調することによってもっと多くを得ることができる」というものです。実際の方法は、状況によって異なりますが、対立者をこのように改心させることが、つねにサティヤーグラハの第一の目的なのです。

サティヤーグラハは、暴力的手段を使った場合のように、敵対者を解決から排除しようとはしません。逆に解決への参加者、受益者として、相手をこちら側へ引き入れ、変容させ、「双方ともが高まることを目指し」ます。サティヤーグラハは、敵対している人を打ち負かすべき敵とはみなさず、偽りのない解決を探求するための参加者とみなします。つまり、敵対者を打ち破るのではなく、その人を「間違いから引き離し」、真実の側へやってこさせるのです。

「つきつめて言えば、これが非暴力的非協力の原則です。ですから、これは愛情に根ざしていなければならないのです。相手を罰したり、傷害を負わせたりすることが目的ではありません。敵対者に対して非協力を行使している間にも、わたしたちのなかにかれの友人がいることを感じさせ、可能なかぎり人道的に接することによって、その人の心に届くよう努力すべきなのです」

「非暴力を実行する上での根本的な原則は、自分自身にとって良いことは、世界全体にとっても同じように良いということです。人類は皆、本質的に同じです。ですから、わたしにとって可能なことはだれにとっても可能なのです」

サティヤーグラハは、真理と非暴力について新しい考え方を提示しました。「対立者はやがてこちらの考え方に同意するようになる」というガンディーの自信は、すべての人間には真理を発見する欲求が授けられている、そして「われわれは皆、同類だ」という確信に基づいています。自分も対立者も同じ真理を体現していることが、サティヤーグラハ信奉者には分かっているので、「無限の忍耐と共感」をもって接することによって、敵対者も同じように反応するようになると、暗黙のうちに信じています。

サティヤーグラハ信奉者は、対立的な関係を尊敬と信頼に根ざした関係へと変えていこうとし、不信感や悪意を取り除くために行動します。この変容は、求めさえすれば得られるというものでは決してありません。ですからサティヤーグラハ信奉者は、敵の心を徐々に開かせ、対立者の武装をほどかせるために、信頼、支持、共感を用いるのです。そして必要なら、苦しみに耐えることも厭《いと》いません。

南アフリカ 1914 年
～信頼に満ちた人間関係を目指す

「８年間にわたる闘いののち、わたしたちはかくして暫定協定に達しサティヤーグラハ闘争は最終的に中断されました。インド人たちにこの協定に賛同してもらうのは、かなり困難でした。一度盛り上がった情熱を静めさせることなど、だれも望みません。ここでもう一度、スマッツ将軍を信じる人がはたしているでしょうか？　ある人が1908年の大失敗をわたしに思い出させながらこう言いました。

『スマッツ将軍は、一度われわれをだましました。そして、あなたに何度も新しい問題を突きつけ、インド人社会に絶え間ない苦しみを与えてきました。にもかかわらず、かれを信じてはならないという教訓をあなたが学んでいないとはなんとも情けないことです。スマッツ将軍はまたしても、あなたを裏切るでしょう。そしてあなたは性懲《しょうこ》りもなく、サティヤーグラハの復活を提案するのです。しかしこのような状況で、あなたの言葉に耳を傾ける人などいるでしょうか？』（中略）このような議論が持ち出されることは分かっていました。ですから、実際にそうなっても驚きませんでした。サティヤーグラハ信奉者は、敵に何度裏切られても、その人を信用できないという確かな証拠がない限り、かれを信用します。サティヤーグラハ信奉者にとっての痛みは歓びと同じです。苦痛への恐怖から、根拠のない不信におちいることはありません。一方、自分自身の強さを信じているので、敵に裏切られることを気にしません。何度、裏切られても、かれを信じます。そうすることにより、真理の力を強くし、勝利を引き寄せることができると信じているからです。（中略）不信は、弱さの表れです。サティヤーグラハには、すべての弱さを消滅させるという意味も含まれています。それゆえに、敵対者が打ち負かされることなく説得されたときには、不信も完全に消滅しているのです」

サティヤーグラハ信奉者は、相手を味方に引き入れようとする試みのなかで、信頼と尊敬を勝ちとっていくために、あらゆる面で敵に協力することを惜しみません。このプロセスは、サティヤーグラハにとって不可欠です。というのも、この信頼の上に、やがて両者の対立を解決するための殿堂が築かれるからです。解決の具体的な条件はサティヤーグラハの主要な関心事ではありません。大切なことはむしろ、新しい条件が自然に出てくるような、信頼に満ちた人間関係を確立することです。このようにサティヤーグラハは、両者が協力することを、「真っ先に」、そして「つねに」、求め続けるのです。

「非協力は、サティヤーグラハという兵器庫のなかにある重要な兵器のひとつですが、結局それは、対立者が真理と正義につねに協力することを確保するための手段でしかないことを忘れるべきではありません。ですから、対立者との関わり合いをすべて避けることが、サティヤーグラハ信奉者の目的となることは、あり得ないのです。関係を変容させたり、純化させたりすることこそが、サティヤーグラハ信奉者の目的です」

サティヤーグラハの一番の目的が、敵対者にサティヤーグラハの考えを納得させることだとすると、市民的不服従、ストライキ、非協力などの方法は、どのように適用できるのでしょうか？　ガンディーは、理性への訴えが失敗したとき、これらの方法はサティヤーグラハ信奉者に「苦しみの機会」を与えるものであり、そしてこの「苦しみの機会」こそが、自分たちの考えを守るための、最終的、かつもっとも純粋な武器だと主張しました。

南アフリカ、フォルクスラスト 1913年
～苦しみを自らに課す

「その間、わたしたちはフォルクスラスト刑務所で楽しい数日を過ごしました。毎日、新しい服役者が入ってきて外の世界のニュースを伝えてくれました。服役者のなかに、ひとりの老人がいました。その老人はハルバツィンという名前で、75歳でした。ハルバツィンはインド人たちがストライキをしている鉱山で働いていたわけではありません。かれはもう何年も前に、年季奉公契約を終えていました。ですから、ストライキに参加してはいないのです。わたしが逮捕されると、インド人たちは以前にも増して情熱的になりました。そして、多くのインド人たちがナタールからトランスヴァールに越境し、逮捕されました。ハルバツィンはそのような熱狂的なインド人のひとりでした。

『あなたはどうして刑務所にいるのですか？　わたしはあなたのような年輩者には入獄をお誘いしていませんが』と、わたしは尋ねました。

『わたしは、あなたや、あなたの奥さんや、子どもたちまでもが、わたしたちのために投獄されているのを、黙って見ていられないのです』

『でも刑務所での厳しい生活に耐えることはあなたには無理でしょう。出獄することをお勧めします。釈放されるよう手配しましょうか？』

『いいえ、お願いです。わたしは刑務所から出たくないのです。いずれは死ぬのですから、牢獄で死ぬことができれば本望です』

このような決心を揺るがせることは、わたしにはできません。たとえ説得したところで、かれの決心は揺るがなかったでしょう。わたしは畏敬の念に打たれて、この文盲の聖人の前で頭《こうべ》を垂れました。ハルバツィンは望み通り、ダーバン刑務所で 1914年1月5日に、息を引き取りました」

ガンディーのサティヤーグラハ理論は、南アフリカでの体験から直接引き出されました。それは、本質的には理想主義的でしたが、実際に適用するとなると、極端なまでに実質的でした。かれは理性で生きていましたが、理性が人の心を動かさないことも知っていました。サティヤーグラハは、敵対者を実際に変容させることを目指すので、心にじかに訴えなければなりません。にもかかわらず、ガンディーはいつも、まず敵対者の頭に訴えることからはじめました。そして闘争中は、懇願、陳情、代表団交、会議、決議、勧告などをひっきりなしにおこないました。このような「正当な手続き」

は、サティヤーグラハがとる最初のステップです。しかし、習慣や法律、既得権といったものは、往々にして理性を受けつけません。あるいは、対立時には一方にとって真理と思われることが、他方にとって間違いだったりすることもよくあります。このような袋小路におちいると、対立は沸点に達します。

「サティヤーグラハを適用する上で、わたしはごく早い時期に、真理の探究は敵対者が暴力を受けることを許さず、忍耐と共感によって相手が過ちから徐々に離れていくようにしなければならないことを発見しました。と言うのも、ある人にとっての真理は、ほかの人にとって間違いに映るかもしれないからです。忍耐とは自己が苦しむことです。ですからこの教義は、苦しみを敵対者にではなく、自分自身に課すことによって、真理を守るという意味を持つようになりました」

理性への訴えがさまざまな形で試みられたにもかかわらず、敵対者を動かすことができないときに取られる方法は、通常、ふたつあります。ひとつは、敵対者の心を変える方法を見つけること、もうひとつは、敵対者に主張を取り消すよう強制することです。従来のやり方は後者で、肉体的な暴力、あるいは目に見えない形での暴力に頼ります。しかしサティヤーグラハ信奉者は、相手に対してではなく、自分自身に対して苦しみを課すことによって、敵対者の抵抗を和らげ、考えを変えさせるのです。

南アフリカ1906年〜インド1931年
〜心を動かす究極の武器

「1906年まで、わたしはただ理性に訴えることだけに頼っていました。わたしは大変勤勉な改革者でした。（中略）しかし南アフリカで決定的瞬間がやってきたとき、理性は影響力を持たないと気づいたのです。同胞たちは興奮しました。一寸の虫にも五分の魂ありで、報復すべきだという議論が持ち上がりました。そのときわたしは、暴力に同調すべきか、あるいは別の方法を見つけて危機を未然に防ぐべきか選択を迫られました。その結果、改悪された法律に従うことを拒否し相手がわたしたちを投獄したいならそうさせようという考えにいたりました。かくして道徳戦争がはじまりました。（中略）以来、国民にとって根本的に重要なことは、理性だけでは守られない、苦痛とともに獲得されなければならないという確信がわたしのなかでますます大きくなっていきました。
苦しみは人間の法則です。戦争はジャングルの法則です。敵対者を改心させ、閉ざされていた耳を理性の声に開かせる上で、苦しみはジャングルの法則よりもはるかにパワフルなのです。（中略）何か本当に大切なことを成し遂げたいのならただ単に理性を満足させるだけではなく心も動かさなければならないという本質的な結論にわたしは到達しました。理性への訴えは、ほとんどが頭脳への働きかけで、心に浸透するのは、苦しみによってです。苦しみは人間の内面性への理解の扉を開けます」

かくして、「苦しみに耐えること」が、人間の心を動かす究極の武器としてサティヤーグラハの特徴となりました。市民的不服従、ストライキ、非協力などの方法はすべて、南アフリカの国民（あるいはのちのイギリス人）を、強要するためではなく、サティヤーグラハ信奉者が受けた苦しみを目に見える形で示すことによって、かれらの心を和らげるために考案されたのです。市民的不服従によってもたらされる苦しみは、投獄、追い立て、肉体的危害、そしてときに死です。ガンディーはこの点を力説しましたが、往々にして見落されました。
「サティヤーグラハやそれから派生したこと、非協力、受動的抵抗は、苦しみの法則の新しい名前でしかありません」

サティヤーグラハ信奉者は、信頼関係を築いていく上で、敵対者を侮辱したり、困らせたりしないよう注意しなければなりません。そして、あらゆる点で礼儀を尽すよう努力しなければなりません。サティヤーグラハ闘争を表面的にしか見ていない人にとっては、ガンディーが本来の目的を犠牲にしてまで、このことを守っているように映ったかもしれません。しかし、変化は容易に起るものではなく、政治的対立においては、伝統や慣習からの脱却を求めなければならないこともあります。サティヤーグラハ信奉者は、自分が対立者に求めている変容がどれほど難しいものであるかが分かっているため、敵対者に負わせることになるかもしれない苦しみに気づき、できる限りその苦しみを和らげるよう努力します。ガンディーの目的は、相手を攻撃したり、屈辱を与えたりすることにあるのではなく、公共の福祉を妨げる制度を変えることにあるのです。

南アフリカ、ナタール1913年
～制約のない「進歩の法則」

「北海岸のインド人労働者がストライキに入ったとき、もしすでに刈り入れられたサトウキビが工場に運ばれずに粉砕されなかったとすると、エッジカム山の農園主たちに大損害を被らせることになるため、1200人の労働者たちは仕事に戻りサトウキビの運搬、粉砕作業をすませてから、同胞たちと合流しました。ダーバン市のインド人職員がストライキをしたときも、自治区の衛生業務に携わっていた人々や、病院で患者の世話をしていた人々は仕事に戻されました。でも、かれらは進んで仕事に戻ったのです。衛生業務が混乱したり、病院で患者の世話をする職員がいなくなったりすると、ダーバン市に疫病が発生するかもしれないし病人たちも医療を受けられなくなります。サティヤーグラハ信奉者はだれも、そのような結果を望んでいません。ですからこのような機関に勤めている人はストライキへの参加を免除されました。すべての歩みにおいて、サティヤーグラハ信奉者は敵対者の立場を考慮しなければなりません。このような騎士道精神が数え切れないほど多くの場面で発揮され、目には見えないけれど強力な効果をいたるところに残し、(中略) 和解にふさわしい雰囲気を準備してくれたのです」

サティヤーグラハ信奉者の共感、忍耐、信頼、そして苦しみを喜んで受け入れる態度は、対立者を変容させ、対立関係の性質を変化させるための主要な「武器」です。両者の関係は不信、敵意から、信頼、尊重、協力へと進化していきます。そしてそれが達成されたとき、対立の争点や緊張関係は友好的に解決されるとガンディーは考えました。なぜなら、敵対者はこの時点で、ある程度こちらの味方になっていて、協力的な解決によって双方にもたらされる恩恵が見えてくるからです。ガンディーは、自分の個人的な関心事よりももっと大切なことを優先させ、それらをこの恩恵の下におくよう心を向けました。

敵対者は、ある意味でサティヤーグラハのヴィジョンを共有し、ちょっとうがった言い方になりますが、幾分かはサティヤーグラハ信奉者になっているのです。この「改心」こそが、サティヤーグラハの真の意図であり、ストライキやデモなどは、それを実現させるための手段でしかないのです。

「非暴力的な闘いにおいては、怨恨《えんこん》が残らず、敵は最終的に友人とならなければならないというのが、非暴力の厳格な規準です。それが南アフリカでの、スマッツ将軍との経験でした。かれは最初、わたしのもっとも苦々しい敵対者であり、批判者でした。でも今ではわたしのもっとも温かい友人となっています」

サティヤーグラハ信奉者が対立者に対して説得しようとしている考えは、差別的な法律や不公平な税制などといった、闘いにおける特定の不満を超えています。これらの不満は、たいていはもっと大きな不正や、「真理でないもの」から派生する症状でしかなく、その根本を改善することこそがサティヤーグラハの真の目的です。ですから、ある特定の不満に反対するために、サティヤーグラハ闘争が融通のきかない方法でおこなわれることは決してありません。この点において、サティヤーグラハには制約がないのです。

絶対にゆずれない最低限のこと——つまり「真理」と「非暴力」の堅持——を明確に謳《うた》っているため、サティヤーグラハは現実の闘いの場に自由に応用させることができます。そして、この「制約のなさ」が、サティヤーグラハにある種のしなやかさを与え、状況の変化によって、あらたな光のもとで「真理」が明確になったときはいつでも、自分の立場を変えることを可能にさせるのです。ガンディーはこれを「進歩の法則」と呼びました。

「わたしは経験から、『進歩の法則』は正義のための闘いすべてに適用できると学びました。しかしサティヤーグラハの場合、この法則は『自明の理』です。サティヤーグラハ闘争が進展していくにつれ、他の多くの要素がその流れを大きく膨らませてくれました。そして、それによって引き出される結果には、たえず成長があるのです。これはきわめて当然のことで、サティヤーグラハの第一原理とも深く関係しています。というのも、サティヤーグラハにおいては、『最小』が『最大』でもあるからです。それは『絶対にゆずれない最小』であるため、後退はなく、ただ前進あるのみです」

この「制約のなさ」が、闘争のなかに、そして対立者の立場のなかに、真理をたえず探し求めるよう、サティヤーグラハ信奉者を勇気づけ、さらにその真理を、自分自身の立場にも取り入れるよう勇気づけます。サティヤーグラハにとって、これは重要なステップです。なぜなら、自分の立場を見直そうとする気持ちが、対立の雰囲気を中和させ、かたくなさを和らげ、「持ちつ持たれつ」の土壌を作ることになるからです。この信頼の土壌のなかで、敵愾心をともなった主張は、双方がともに求める真理の形へと進化していきます。このプロセスは、サティヤーグラハの「自他が一体となった見方」を、現実の形にしたものです。わたしたちは皆、本当は同じ真理を求めているからです。ですからガンディーは、サティヤーグラハ信奉者が「名誉ある条件で妥協するチャンスを決して逃さない」よう強く勧めました。サティヤーグラハの「自他が一体となった見方」は、人間の深い必要性から湧き出たもので、それゆえに、抑え難く、切実です。その真理を照らす光のなかでは、小さな反目や不満は、未来を約束するもっとすばらしい調和への探求に道をゆずります。

南アフリカ、トランスヴァール1914年
〜礼儀と騎士道精神が相手を無力にする

「わたしはアンドリューズとプレトリアへ行きました。ちょうどそのとき、ユニオン鉄道のヨーロッパ人従業員たちが、大規模なストライキをやっていました。それは、政府を非常に微妙な立場に追いやりました。わたしは、この幸運な状況に乗じて政府に対抗し、インド人たちの行進をはじめるよう要請されました。しかしわたしは、インド人たちは政府を困らせるために行動しているのではないため、鉄道労働者のストライキに同調することはできないと言いました。インド人の闘いはまったく別のものであり、闘いの観点も違うからです。たとえ行進するとしても、それは鉄道問題が解決されてからのことです。わたしたちのこの決断は人々を感動させ、ロイターによってイギリスに打電されました。アンプティル卿（植民地秘書官）は、イギリスから祝電を送ってくれ、南アフリカのイギリス人の友人たちも、わたしたちの決断を喜んでくれました」

サティヤーグラハの成功は、特定の条件が受け入れてもらえるかどうかによるのではなく、その動機の純粋さと、真理と非暴力を堅持する確固とした態度によってのみ測られます。ガンディーにとって、純粋な結果は手段が純粋なときにのみ得られるもので、かれは「手段」と「結果」のあいだに、「種と成長した木」の関係と同じ、侵すことのできない法則を見たのです。

ガンディーはサティヤーグラハ信奉者に、自分の努力につねに目を向けるよう強く求めました。なぜなら、「100％の努力は、100％の勝利」だからです。手段が純粋であれば、結果はおのずと純粋なものになります。手段が虚偽や暴力によって損なわれているときは、結果も同じように損なわれます。ガンディーにとって、これはごく当たり前のことでした。

「とはいえ、あくまでもアヒンサーは手段であり、真理は目的です。手段は、手段である限り、いつも手に届くものでなければなりません。ですからアヒンサーはわたしたちの究極の義務なのです。手段を大切にするなら遅かれ早かれ、いずれ目的にたどりつけます。いったん、このことが理解できたなら、最終的な勝利は間違いありません。どのような困難に出合ったとしても、どのような敗北を味わったとしても、真理の探究を諦めるべきではないでしょう」

暴力的な衝突においては、苦々しさと敵意が、征服によって獲得したものにたえずついてまわります。それらは、腫《は》れもののように膿《う》んできて、獲得した勝利をむしばみ、爆発させ、逆転させます。一方、サティヤーグラハが征服するものは、永遠に続きます。なぜなら現実に征服されるものはだれもいないからです。真のサティヤーグラハにおいては、双方の当事者は解決のためのパートナーとなり、取り除かれるのは、対立、敵意、不信だけです。

このことを疑う人は、1947年、イギリスの軍隊がインドから撤退したときのフィルム映像を見れば十分でしょう。かれらはインド人たちに喝采を送り、インド人たちもかれらに喝采を送りました。当時、アーノルド・トインビーが指摘したように、ガンディーはインドを解放しただけでなく、イギリスをも解放したのです。

「スマッツ将軍の秘書のひとりが、わたしにおどけて言いました。『わたしはあなたの国の人々は好きではないし、援助したいとも思っていません。ではどうしたらよいのでしょう？　あなたは、われわれが困っているとき助けてくれます。そんなあなたを逮捕することなどできるわけがありません。イギリスのストライキ労働者のように、あなたが暴力に頼ってくれたらと何度思ったことか。そうすればあなたをどう処分すべきか、ただちに分かるからです。しかし、あなたは敵さえも傷つけようとしません。あなたは自らに課した礼儀と騎士道精神による勝利を望んでいます。そしてそれこそが、わたしたちを完全に無力にさせているのです』」

現代におけるサティヤーグラハ

ここまで、サティヤーグラハが「政治の世界でどのように作用するのか」ということに焦点をあてて考察してきました。しかしサティヤーグラハを貫いている原理は、政治だけではなく個人や家庭、さらに地域社会の問題にも適用できます。というのも、サティヤーグラハの目的は、どんな対立であっても、その根底にある原因を解決し、敵対者を相互理解と協力の場にもってくることだからです。その対立がインド国民会議派とイギリス権力との摩擦であっても、農民集団と地主とのいさかいであっても、夫と妻との葛藤であっても、ガンディーにとっては同じでした。サティヤーグラハは、「個人のレベルでも社会のレベルでも用いることのできる力です。政治問題にも、家庭問題にも、同じ様に適用できます。あらゆることに適用できるということは、その永遠性と無敵性を示すものです」と、ガンディーは言っています。

ガンディーの心にあったサティヤーグラハの理念は、明らかに、わたしたちが今日サティヤーグラハについて連想する、政治の場での限られた適用をはるかに超えるものでした。かれは、サティヤーグラハに人間の営みにおける基本的な地位を与え、それが人間の争いを包括的に解決する方法だと考えました。サティヤーグラハを完全にガンディー主義の意味あいで理解するためには、サティヤーグラハは「大衆の非暴力的な抗議の一形態」でしかないとする今日の一般的な見方から離れて、もっと自分自身の問題としてとらえることが必要です。そうすることによって、サティヤーグラハが自分の生活にどれほど有益であるかが、さらにはっきりしてくるでしょう。

自己のサティヤーグラハ

厳密に言うと、サティヤーグラハは「手法」ではありません。それは愛情が「手法」でないのと同じです。ガンディーは、サティヤーグラハは本質的に「生きる姿勢」であり、自分と他者との関係の枠組みを作る、非暴力的な愛への心のあり方だと考えました。この「生きる姿勢」は、自己の内面から出てくるもので、決して外から与えられるものではありません。ガンディーが着想したサティヤーグラハは、一貫して個人の問題なのです。いみじくもかれは、「非暴力に完全に徹している人がひとりでもいると、その人は大災害を食い止めることができると、わたしはずっと主張しています」と書いています。

ガンディーは、このようにサティヤーグラハの根本的な個人性を信頼し、「サティヤーグラハ信奉者が、たったひとりでも最後まで闘いぬいたとすると、勝利は確実です」と言いました。大衆行動の原理とは大きく異なり、サティヤーグラハは基本的に、ひとりひとりの心のなかではじまる私的な取り組みなのです。それを人に分からせるのに、追従者は必要ではありません。そのパワーは、数の力とは無縁です。サティヤーグラハは、小さいけれど強力なランプのように、持ち運びが可能で、対立や緊張によって暗くなった世界のあらゆる場所を照らすことができます。「それは内からわき出てきます。ですから、わざわざ外へ探しに出かけなくてもいいのです——これがサティヤーグラハの美しいところです」と、ガンディーは書いています。ただ心のなかにしっかりとつなぎ止めているだけ——これが、ガンディーのサティヤーグラハの第一条件です。そして、このことをきちんと理解すればするほど、より迅速に、サティヤーグラハを用いて対立の傷をいやすことができます。

しかし、ただ単にこのことを理解するだけでは十分ではありません。今まで見てきたように、サティヤーグラハは、私欲の排除を目指す自己規律から生まれるものだからです。ガンディーはこの点を断固としてゆずりませんでした。そして、「自己を浄化することなく、アヒンサーの法を守るのは、むなしい夢でしかありません」と書いています。人は、「思い、言葉、行動のすべてにおいて、感情から自由になり」、「愛と憎しみ、執着と嫌悪といった拮抗する流れから超然と抜け出ることができた」ときだけ、「あらがい難い」パワーを発揮できるのです。この自己規律がないと、サティヤーグラハは強さの根源を失ってしまいます。なぜなら、わたしたちの注意を引くことができるのは、「魂の力」のみだからです。非暴力のパワーの源を知ろうとガンディーを勉強した人は、自分に何度も立ち返り、自分自身の心のなかで非暴力を確立したいと切に思うようになります。1930年代後半にガンディーは次のように書いています。

「信念を貫きながら人生を生きていく以外に、王道はありません。そしてそれこそが真の教えです。自分の人生でサティヤーグラハを実現していくには、もちろん大いなる勉強、途方もない忍耐力、徹底した自己浄化が前提です」

加えてガンディーは、たとえ習得するのに長い時間がかかるとしても、なぜそのことを心配するのかと指摘し、次のように続けています。「なぜなら、もしこれが人生において、唯一、恒久的なことであり、唯一、価値のあることなら、その習得に捧げられた努力は、いずれも意味のある努力ですから。聖書に『まず神の国を求めなさい。そうすれば、その他すべてのものもあわせて与えられるであろう』とあります。この『神の国』とは、アヒンサーのことです」

これは非常に難しい注文です。ガンディーが求めていることは、結局は「自己のサティヤーグラハ」、つまりひとりひとりが私欲をなくしていくために自分自身に課すサティヤーグラハに集約されます。そしてガンディーは、それを私たちに求めることができるのです。なぜなら、それはご多分にもれず、かれ自身が自ら実践し、達成したからです。

だれもいないマリッツバーグ駅で長い一

夜を過ごしたガンディーは、生まれて初めて自分自身の枠から抜け出て、私的な欲求を超えて、搾取され、惨めな状況に追いやられているインド人居住者たちの苦しみのなかに入っていくことを強いられました。夜が明けるまでの、孤独で重苦しい何時間ものあいだ、ガンディーの心につきまとっていた思いが、かれ自身を変え、人生を見る目を変え、人生の目的を変えていったのです。トルストイやラスキンから得た感化、ズールー族の反乱での救助活動で、何時間も徒歩を強いられたときに得た霊的な気づき、伝説的な「塩の行進」のヒントとなったマドラスで見た夢など、ガンディーは一生の間に、数々の霊感やひらめきを得ました。しかし、あのマリッツバーグの寒い夜に体験したことこそが、その後の一連の「実験」のきっかけとなり、それがやがて、かれを完全に変容させることになったのです。

南アフリカでサティヤーグラハが生まれるには、それから10年以上も待たなければなりませんでした。サティヤーグラハの概念はまだガンディーの頭にはなく、名前もアイディアも生まれていませんでした。けれども、自分の私欲と向きあい、その根絶のために費やした激しい闘いの年月こそが、ガンディーに自らを浄化するための「自己のサティヤーグラハ」を人々にも求めさせることになったのです。この意味で、ガンディーの非暴力抵抗闘争の最初の相手は、スマッツ将軍でも南アフリカ政府でもなく、モハンダス・ガンディーその人でした。そして最初のもっとも激しい非暴力闘争の場は、かれ自身の心のなかでした。この自己との闘争が最初のサティヤーグラハ信奉者を誕生させ、そこから「ブリーフケースをもたない法廷弁護人」をマハートマー(偉大なる魂)として浮上させることになったのです。

ガンディーの非暴力のパワーの真の源をたどるには、よく知られているインドにおける政治的変動の時代を超えて、ナタールとトランスヴァールでの、静かな揺籃《ようらん》期に目を向ける必要があります。ガンディーが実験を繰り返しながら、自信のない素朴な弁護士から自分自身を完全に変容させる道を見つけたのは、その時期であり、わたしたちが自分自身の悟りのために、変容の源を見つけることができるのも、その揺籃期です。

しかし、ガンディーの言葉をそのまま受けとめて、単純にかれのまねをしては、ガンディーに対して公平を欠くことになります。ガンディーがそうしたからという理由で、頭を剃り、綿のドティーを着て、果物やナッツ、山羊の乳のみの食事をするのであれば、的外《まとはず》れです。ガンディーの生き方に従うさいにわたしたちは、かれがそのメッセージを伝えるために用いたこれらのシンボルを、ただまねるのではなく、根本原理をしっかり守ることに注意を払うべきでしょう。忍耐、共感、そして喜んで試練に耐えることは、政治におけるサティヤーグラハ同様、自己のサティヤーグラハにおいても、根本的な指標です。ガンディーが自分の生活を律したように、わたしたちもこれらの理想に則って生活を律することが、永遠に続く真の非暴力への最初の一歩です。

家族のサティヤーグラハ

私的な人間関係は、サティヤーグラハを学び、実践するための豊かな土壌です。ガンディーはそれを「家族のサティヤーグラハ」と呼びました。ガンディーの南アフリカにおける初期の生活を見てみると、この意味がはっきりします。興味深いことに、それはのちにかれが発展させることになったサティヤーグラハではなく、かれ自身に対して用いられたサティヤーグラハでした。

ヨハネスブルグ時代のガンディーは、亭主関白で、短気なところのある夫でした。というのも、自ら述懐しているように、自分の考えを妻に押しつけるのは、夫たるものの権利だと思っていたからです。そのような夫の一方的な態度にカストゥルバイが抗議しても、ガンディーは頑としてゆずりませんでした。けれども、非暴力的な愛の何たるかを直感的に知っていたカストゥルバイは、夫とのすさまじい争いを通して、自分がガンディーと対等な人間であることを証明していきました。彼女の態度は、ガンディーに妻との関わり方を変えさせ、その過程のなかで非暴力抵抗の美しさとパワーを認識させることになったのです。

「わたしは妻に自分の考えを押しつけようとし、彼女から非暴力のレッスンを学びました。わたしの意見を断固として拒絶しながらも、他方で、わたしの愚かさによって生じた苦しみに静かに服従する彼女の姿は、ついにわたしを赤面させ愚かさから立ち直らせてくれました。（中略）最終的に、彼女はわたしの非暴力の先生になりました」

知らず知らずのうちに、カストゥルバイはサティヤーグラハのもっとも強力な武器を用いて、夫に打ち勝っていたのです。その武器とは、復讐したり、自分の意志に執着したりすることではなく、自ら進んで苦しむことでした。

家族のサティヤーグラハは、ほかのサティヤーグラハ同様、忍耐と決意の絶妙なバランスの上に成り立っています。そしてそれは、正しく実践されたとき、男女間の深い絆を築くいしずえとなります。ガンディーが二十世紀の変わり目に、ヨハネスブルグの自分の家庭で発見したことは、夫婦関係がきわめて競争的で、緊張をともなうようになった今の時代に、大きな意味を投げかけるものでしょう。というのも、今日、結婚生活のなかで当然生じる緊張状態にさえ耐えられない家族が多く、その結果、離反や疎外感が家庭の特徴となっているからです。家庭生活が最悪の状況におちいっている今、ガンディーがとった方法にはとりわけ説得力があります。つまり、許し、耐え、相手をたえずサポートし、抵抗しなければならないときには、恨みをもたず愛情をもって抵抗するというものです。夫にとって、妻の幸せが自分の幸せよりも大切になり、妻にとって、夫の幸せが自分の幸せよりも大切になったときに、この理想は最高の状態に達します。このような夫婦関係は、真のアヒンサーの大きな成果のひとつです。

子どもと親との関係においては、サティヤーグラハはごく自然のことでしょう。ここでも忍耐と確固たる姿勢が、サティヤーグラハの骨格をなします。家族のサティヤーグラハにおいて「絶対にゆずれない最低限のこと」は、子どもの幸せです。子どもの成長と発達がすべてに優先されなければなりません。それは時として、自分の小さな楽しみを犠牲にしたり、子どもに対して、自分が好む以上に頻繁に、優しく、しかもきっぱりとノーと言うことであったりします。ここでガンディーがもっとも大切にしているのは、子どもに示す手本が親の理想を忠実に反映していることです。

1909年、トルストイ農園に移ったガンディーは、さまざまな人種や背景を持つ子どもたちを受け入れ、ただちに父親的な愛情のもとにおきました。かれらはちぐはぐな一団でしたが、ガンディーにとっては、みんな「ひとつの家族」でした。「わたしは、少なくとも子どもたちのために、善良で、包み隠しのない生き方をしなければならないことを知りました」と、ガンディーは書いています。「家族のサティヤーグラハ」の種は、ガンディーによってトルストイ農園の豊かな土壌に蒔かれ、何年にもわたるこまやかな手入れによって、満開の花を咲かせました。この大変な努力が求められる子どもたちとの関係は、やがて何の努力もいらないほど、自然なものになりました。

1930年代のことです。セヴァグラム・アシュラムに、ひとりの女性が子どもを連れてやってきました。そして、ガンディーに自分の幼い息子に砂糖を食べるのをやめるよう諭《さと》して欲しいと頼みました。砂糖は息子の身体に害を与えていたのです。

「では、来週もう一度来てください」このような謎めいたガンディーの返事に当惑しながらも、女性はマハートマーの指示を守って、一週間後に再びやってきました。幼い息子を見て、ガンディーは言いました。「砂糖を食べないようにしなさいね。砂糖は君の身体によくないからね」そして、その子どもとしばらくふざけ合った後、その子を抱擁し、見送りました。しかし母親は、好奇心を抑えることができず、その場に残ってガンディーに尋ねました。

「バプ、わたしたちが一週間前に来たときに、どうして同じことを言って下さらなかったのですか？　どうして一週間後にまた来るように言われたのですか？」

ガンディーはほほ笑みながら言いました。

「先週はわたしも砂糖を食べていたのでね」

ガンディーは、すべての人と一対一の関係で接していました。インドの独立運動が最高潮に達したときにも、闘争が非個人的な状態におちいることを許しませんでした。敵対者が、大理石の廊下の奥で立派な称号を持って、どれほど権威を振りかざしていたとしても、ガンディーの対抗相手はつねに、まず「人間」でした。「同じ欠点を持つ」人間であるという点では、だれもが同じです。私的な関係は、ガンディーにとって贅沢なことでも、負担でもなく、むしろ自然で、欠くことのできないアヒンサーのひとつの表れでした。それは人間関係のそれぞれのレベルにおいて、サティヤーグラハが作用する話し合いの場を作ることができるからです。ガンディーの友情の輪が、ポールバンダールやヨハネスブルグの自分の家族から、アシュラムで生活する多くの支持者たちに広がり、ついにインド全体、さらに世界にまで広がっていった様子を見るのは、非常に興味深いことです。

職場のサティヤーグラハ

個人個人がサティヤーグラハを実践することから派生する自然のなりゆきとして、職場でのサティヤーグラハがたやすくできるようになることが挙げられます。家族の関係において当てはまることは、職場の関係においても少なからず当てはまります。職場の人間関係は、家族の場合ほど感情的ではないとはいえ、同じように混乱を招く危険性があります。仕事には決して終わりがありません。人々が緊密に働いているところではどこでも、個人的な利害関係が衝突するため、緊張状態は当然、発生します。職場でそれぞれが自分の私欲を最優先させると、摩擦は避けられないでしょう。その結果生じる衝突は、それぞれの意見や、好み、ものごとの処理の仕方などが中心で、往々にして、些細なことへの嫉妬心や怨みなどによって増幅されます。

対立の「争点」は通常、仕事の専門性や、哲学にかかわることのように思えますが、詳しく見ていくと、闘いのなかにふたつの強力なエゴが封じ込められているのが分かります。かつてあるインド人の聖者が、「自分の時計は正しいとだれもが思っている」と言ったように、ものごとをおこなう「一番いいやり方」は、たいてい「わたしのやり方」なのです。

職場のサティヤーグラハにおいては、当事者たちがものごとを、より大きな、より真実に近い視点でとらえられるよう、自分が好む状況へのこだわりを払拭させる努力がなされます。私欲を克服し、自分の意見を超えて問題をとらえるサティヤーグラハ実践者は、対立を客観視できるので、合意点を見出すことができます。理性に基づいた訴えが効を奏さないときは、すべてのサティヤーグラハと同じように、みんながより高い視点でものごとを捉えられるよう、忍耐をもって説得していく覚悟ができていなければなりません。

ですから、ここでのサティヤーグラハの任務は、より広範で一体化した目的を訴えながら、静かに仕事をこなし、私欲を着実に最小限にしていくことです。オフィスで、ビジネスで、学校で、アヒンサーを徐々に広げていくには、それを実践する人間がひとりいればいいのです。大きな組織においても、それは同じです、ガンディーが指摘するように、献身的なサティヤーグラハ実践者がひとりいれば、その人は相互的な信頼と協力のもとで仕事が進められるよう、職場の空気を変えることができるのです。ガンディーは、これが仏陀の言う「正命《しょうみょう》」、もっとも高尚な仕事だと言っています。

これまでみてきたように、サティヤーグラハの大切な特徴のひとつは、「制約のなさ」です。それは、絶対にゆずれない「真理」と「非暴力」の原則に固執しながらも、新しい状況においてサティヤーグラハを、創意工夫をしながら適応させていく能力です。

このようなしなやかさが、今ほど求められている時代はないでしょう。というのも、今日わたしたちが直面している困難は、ガンディーが立ち向かった困難とその質を大きく異にしているからです。ストライキやデモといった、ガンディーの政治的な取り組みの形態を模倣するだけでは、サティヤーグラハを政治改革という狭い枠組みのなかに限定することにしかなりません。

わたしたちの生活を脅かしているさまざまな危機は、政治に起因しているというよりも、むしろ精神的なものでしょう。たとえば、疎外、孤立、男女や老若間の両極化などといった、個人レベル、社会レベルの問題です。ですから、わたしたちの時代は、自分の家庭や地域のなかで、非暴力と和合への確固とした取り組みが必要なのです。ガンディーは、もし何百万もの人が非暴力に根ざした生き方をするようになると、大きな組織でさえもその価値を取り入れるようになると信じました。

かれが示した道は、家族との関係や、親戚との関係、友人との関係といったごく小さいところからはじまりますが、その輪はしだいに地域、社会全体に広がり、やがては世界全体を包むようになります。そのことは、ガンディーの人生そのものが十分に証明してくれています。半世紀以上たった今もなお、より大きな愛と、より大きな奉仕へのガンディーの呼びかけは、静かながらも、高まりを増しつつわたしたちのもとに届いています。

ティモシー・フリンダーズ

教育者、文筆家。サンタクララ大学内にあるスピリチュアリティー・アンド・ヘルス研究所の研究員。パッセージ瞑想が健康に及ぼす効果を研究している。

ガンディーの時代——年譜と解説

インドにおける幼少期・ロンドン留学・南アフリカへ　1869~1893

1869年	モハンダス・カラムチャンド・ガンディー、インド北西部ポールバンダールに生れる。	
1874年		ビハール州、大飢饉。
1876年	ラージコートに家族と移る。	リットン卿、インド総督（イギリス女王の最高代理、副王）に就任。
1877年		ヴィクトリア女王、インド女帝に即位。
1880年		リッポン卿、総督に就任。
1883年	カストゥルバイと結婚。両者とも13歳。	
1885年	父、死去。	インド国民会議派、結成される。
1888年	長男ハリラール生れる。法律の勉強のために、ボンベイからロンドンへ船で向かう。	
1890年	菜食家協会に入会。神知論者たちと『バガヴァッド・ギーター』、「山上の垂訓」、『ライト・オブ・アジア（アジアの光）』を読む。	
1891年	弁護士資格を取得後、インドに帰国。母プトリバイの死去を知る。法律家を志すが挫折。	
1892年	二男マニラール生れる。	
1893年	ポールバンダールにあるイスラム教徒の弁護士事務所より一年契約で南アフリカ、ナタールに派遣される。5月に到着。最初の週に、汽車からマリッツバーグ駅に放り出される。	

ガンディーの家族

ガンディーはインド北西部、現在のグジャラート州の海辺の町、ポールバンダールで生れた。家族はもともと商人のカーストであったが、かれの父と祖父は、隣接している小さな王家の宰相《さいしょう》を務め、かなり影響力を持っていた。ガンディーは末っ子で、かれにはランバーという名前の乳母がいた。ガンディーは、父カラムチャンドのことを、高潔で、勇敢で、寛容な人物だったと述べている。母プトリバイは、愛情深く、信仰心の篤い女性だった。一家はヒンドゥー教徒だったが、父はイスラム教やゾロアスター教の友人と親しくしていた。ガンディーも非暴力を厳格に実践しているジャイナ教の僧侶たちと交友があった。

南アフリカ　1894~1898

1894年　ナタールのインド人社会のために滞在を延期し弁護士として働きながら陳情と助言をおこなうことに同意。ナタール・インド人会議を結成。人頭税を25ポンドから3ポンドに下げる運動に成功する。

1895年　ダーバンで法律事務所を開設。

1896年　トルストイを読む。インドに一時帰国し、ナタールにおけるインド人の人権について論説を発表。家族とともに南アフリカに戻る。

1897年　ダーバンに戻る途中、暴徒に襲われる。襲撃者を起訴することを拒む。

1898年　三男ラムダース生れる。

南ア：ナタール州政府は、インド人労働者の権利を制限し、人頭税を強要する市民権改定案を提出。

インド：エルギン卿、総督に就任。

大英帝国統治下のインド

インドは何世紀もの間、イギリス東インド会社の商業主義下におかれていた。東インド会社は、インドに対して直接、権力を行使することもあったが、たいていは傀儡《かいらい》政権の背後で、インドの富を個人の手中に流出させていた。国内の産業は抑圧され、土地には税金がかけられ、多くの村々は、生き延びていくことすら困難な状況に追いやられていた。さらに周期的に襲う飢饉により、何百万もの人が飢えていた。1857年、土着民たちが蜂起した（セポイの反乱）が、ただちに東インド会社によって徹底的に弾圧された。1858年、イギリス政府はインドを大英帝国の「王冠を飾る宝石」である植民地にした。東インド会社は解散し、1877年にヴィクトリア女王がインド女帝となった。この時点で、イギリスはインドを完全に支配することとなった。

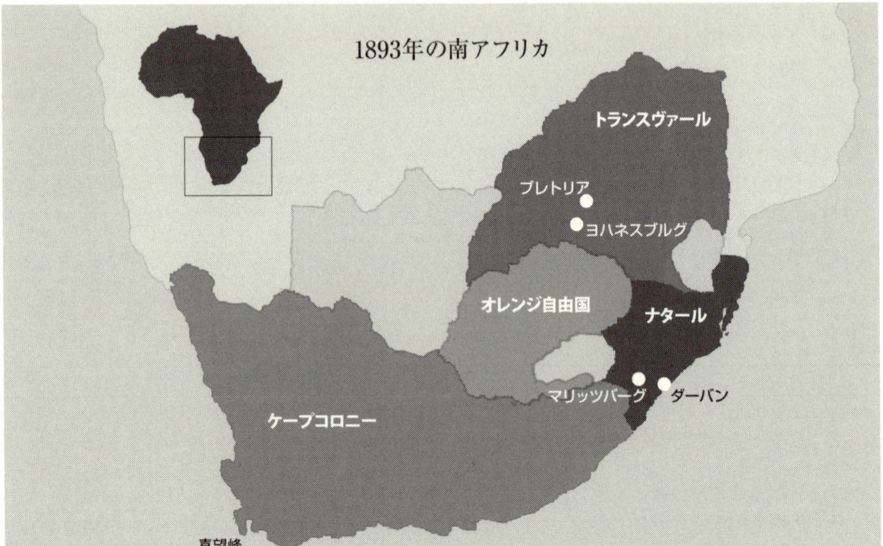

南アフリカ　1899~1904

1899年	ナタールのイギリス軍のためにインド人救急部隊を結成する。	南ア：オランダ人居住者とイギリスとの間でボーア戦争勃発。 インド：カーゾン卿、総督に就任。
1900年	インド人救急部隊、解散。勲章を授与される。四男デヴダース生れる。	
1901年	必要があれば南アフリカに戻ることを約束し家族とともにインドに帰国。インド国民会議派に参加。	ヴィクトリア女王、死去。エドワード七世、国王となる。
1902年	南アフリカのインド人社会からインド人の権利を擁護して欲しいと呼び戻される。 カストゥルバイはインドにとどまる。	南ア：イギリス、ボーア戦争で勝利し、植民地秘書官チェンバレンがナタールを訪れる。在留インド人問題に従事する意志なし。
1903年	トランスヴァールに移る。ヘンリー・ポラック、ソーニャ・シュレシンとともにヨハネスブルグに法律事務所を開設。『バガヴァッド・ギーター』などの聖典を勉強する。週刊新聞『インディアン・オピニオン』創刊される。	
1904年	ヨハネスブルグで伝染病が発生。感染したインド人を介護。ラスキンを読む。ダーバン近郊にフェニックス農園をはじめる。『インディアン・オピニオン』紙を自分の機関紙として発行。カストゥルバイと三人の息子、南アフリカに移住。	

南アフリカに居住するインド人たち

ガンディーが南アフリカに到着した当時（1893年）、南アフリカはイギリスの植民地であるケープとナタール、ボーア人（オランダ系居住者）のオレンジ自由国ならびにトランスヴァールから成り立っていた。インド人は、1860年代から年季契約労働者としてナタールとトランスヴァールに移住し、最初は農園で、のちに炭鉱で働いた。5年間拘束された後は、母国へ無料の旅費で帰るか、自由労働者として滞在するかが、選択できた。多くのインド人がそのまま居住することを選び、ダダ・アブドゥラのような商人のもとで働いた。

1896年にはナタールにおけるインド人の数が、白人を上回った。そのことが白人居住者に警戒心を与え、インド人たちは嫌がらせや差別の対象となった。それは、ガンディーがイギリスやインドで経験したこともないほどひどい差別だった。1894年以降、ナタールとトランスヴァールのインド人の状況は、悪化の一途をたどっていった。

ボーア戦争（1899-1902）

イギリス人とボーア人の間で戦争が勃発したとき、ガンディーを含むほとんどのインド人は、ボーア人に同情した。それにもかかわらず、ガンディーは自分の活動を支持してもらうようイギリス政府に要請していたため、英国民としてイギリス政府に対して忠誠を尽すべきだと感じていた。ガンディーは、300人の自由労働者と800人の年季契約労働者からなるインド人救急部隊を結成した。かれらは勇敢に闘い、イギリス政府から勲章を与えられた。1902年、イギリスはボーア共和国を占領。インド人たちは、救急部隊が示した勇気ある献身によって、待遇が改善されることを期待したが、逆に差別は強まる一方で、とりわけトランスヴァールでは状況は深刻だった。

南アフリカ　1905~1909

1905年	南アフリカにおけるインド人の移民法、税法の改正を、トランスヴァールのイギリス政府に訴えるが、拒否される。	インド：ベンガル分割令、制定。
1906年	ズールー族の「暴動」の医療班にボランティアで働く。インド人に登録を義務づける法律に反対するためにヨハネスブルグの大衆集会で非暴力闘争に着手。南アフリカのインド人の窮状を訴えるためにロンドンに赴く。	ミント卿、総督に就任。南ア：トランスヴァール立法審議会、「アジア人登録法案」を審議。
1907年	受動的抵抗を繰り広げる。逮捕され、トランスヴァール退去を命じられるが拒否する。	南ア：「アジア人登録法」（暗黒法）を可決。
1908年	投獄される。スマッツ将軍との妥協案に同意するも、スマッツ将軍が登録法を撤廃しなかったため、二千人のインド人を先導して、登録証を燃やす。受動的抵抗を「サティヤーグラハ」と改称。再び投獄される。	「トランスヴァール移民規制法」可決される。
1909年	2度投獄される。トルストイと文通。イギリスに赴き、南アフリカに居住するインド人のために働きかけるが、効果なし。南アフリカへの帰路、『ヒンドゥ・スワラジ（インドの自治）』を著す。	インド：ミント改革によりインド人の行政への関与が限定的に認められる。

サティヤーグラハの誕生

1906年７月、「蜂起」したズールー族の苦しみに接し、ガンディーは自らの人生を人々への奉仕に捧げるために、無所有と禁欲の誓いを立てた。1906年８月、トランスヴァール政府がすべてのインド人を登録するための新法を検討しているという記事を読む。登録をしないインド人には、罰金、投獄、強制送還のいずれかが処せられ、警察官は、法律を守っているかどうか、個人宅を捜索する権利を持つという内容だった。

９月11日、ヨハネスブルクのエンパイアー・シアターに詰めかけたインド人の聴衆に向ってガンディーは、1907年に施行される「アジア人登録法」に服従しないことを誓い、そのことに対して科せられる罰に耐えるよう準備をすべきだと提案した。ひとりのイスラム教徒の商人が、服従しないことを神にかけて厳かに誓うと、ガンディーはその場にいるすべての人々に、心から準備ができている者だけこのような誓いをたてるよう勧めた。聴衆は全員、賛同して立ち上がった。

この闘争は最初、「受動的抵抗」と呼ばれたが、ガンディーは、のちにサティヤーグラハという言葉で呼んだ。サンスクリット語で「真理、真実」を意味するサティヤーと、「堅持する」という意味のアグラハからなる言葉である。

南アフリカ　1910~1914

1910年	ヘルマン・カレンバッハから土地を提供されヨハネスブルグの近くにトルストイ農園を開く。移民規制法に反対し、トランスヴァールへの行進を先導する。	ジョージ五世、イギリス国王となる。 インド：ハーディング卿、総督に就任。 南ア：トランスヴァール、ナタール、ケープ、オレンジ自由国が統合され、イギリスの自治領「南アフリカ連邦」となる。
1911年	スマッツ将軍と暫定的合意に達する。	インド:ジョージ五世、ベンガル分割令を取り消す。 南ア:ケープ議会、「アジア人登録法」を撤廃。
1912年	新たに提出された「アジア人移民法案」をスマッツ将軍が支持したためサティヤーグラハ闘争再開を準備する。	南ア：連邦議会、「アジア人移民法」を可決。移民禁止令を強要し、３ポンドの税金を据え置く。
1913年	「アジア人移民法」ならびに「キリスト教の儀式による婚姻以外は無効とする判決」に反対して、サティヤーグラハ闘争を先導。法律に反対するためにナタールとトランスヴァール国境を行進。ナタールで炭鉱労働者がストライキに突入。ガンディーを含む何千人もの人々が投獄される。	インド：インド帝国の首都、カルカッタからニューデリーに移る。 南ア：ケープ最高裁判所はキリスト教による結婚のみを合法とする。
1914年	白人鉄道労働者のストライキのため、集団行進を中止。スマッツ将軍と合意に達す。家族とともに南アフリカを去り、ロンドンに立ち寄る。救急部隊の結成を申し入れるが、病気になり、インドに帰国。	南ア：サティヤーグラハ闘争が勝利し、「インド人救済法」が制定される。 第一次世界大戦勃発。

サティヤーグラハと暗黒法

ガンディーと南アフリカのインド人は、1907年に制定された差別的な「アジア人登録法」を暗黒法と呼び、多くのインド人が登録証を提示することを拒否し、投獄された。1908年、ガンディーは獄中より、トランスヴァール内務大臣のスマッツ将軍と交渉し、妥協点を見出した。それはトランスヴァールのインド人が自発的に登録すれば、スマッツ将軍も法律を廃止するというものであった。ガンディーは登録したが、スマッツ将軍は約束を破り法律を廃止しなかったので、ガンディーは大衆に登録証を焼くよう指示した。

さらに「トランスヴァール移民規制法」が1908年に通過すると、ガンディーはスマッツ将軍とイギリスに対して、差別的な登録法を無効にするように訴えたが、成功しなかった。

1910年、ガンディーは移民規制法に反対して、ナタールからトランスヴァールへ行進するよう大衆を先導した。またヨハネスブルグ近郊に、反対運動をする人々とその家族のための避難所としてトルストイ農園を作った。これは、インドにおけるガンディーのアシュラムの初期モデルとなるものである。1910年６月、南アフリカ連邦の成立にともない、スマッツ将軍はトランスヴァール、ナタールを含む四つの領地の内務大臣となった。この時点で、すべての法律が広範囲に及ぶようになった。「アジア人登録法」は1911年に撤廃された。ガンディーは、それによって人々の苦しみが軽減されることを期待したが、1912年にさらに厳しい制約を盛り込んだ新法が作られたため、サティヤーグラハ闘争を新たに展開した。

インド　1915~1918

1915年	インドに到着。マハートマー（偉大な魂）と呼ばれる。アーメダバード近くのコチラブにアシュラムを設立し、ヒンドゥー教徒のハリジャンの家族を受け入れる。インド国民会議派のメンバーとなる。	
1916年	ラクナウで会議派大会に出席。藍労働者に会う。	チェルムズフォード卿、総督に就任。
1917年	アシュラムをアーメダバード近くのサバルマティ川河岸に移す。土地税に反対するビハール州チャンパラン地方の藍小作人のために、サティヤーグラハ闘争を繰り広げる。	
1918年	アーメダバードで紡績工場労働者のためにサティヤーグラハ闘争の指揮をとり、成功させる。グジャラート州のケダ地方でも土地税に反対しサティヤーグラハ闘争を繰り広げる。糸紡ぎを開始。	第一次世界大戦終結。

サティヤーグラハ：最終段階

1912年、スマッツ将軍はトランスヴァールにインド人が移民することを禁止し、1894年より課していた年間３ポンドの人頭税を引き続き徴収する「アジア人移民法」を導入した。また1913年３月には、ケープ最高裁判所がキリスト教の儀式に則った結婚以外は無効とするという判決を出したため、インド人居住者にとって、さらなる打撃となった。カストゥルバイを含め、女性たちもガンディーのサティヤーグラハに参加し、「アジア人移民法」に反対して、ナタールとトランスヴァールの州境を越えて行進した。何千人ものインド人炭鉱労働者がストライキに突入した。

1913年11月、2200人を超えるインド人がナタールからトランスヴァールの国境の街フォルクスラストへ行進、ガンディーは何度も投獄され、何度も釈放された。ストライキは、ナタール全域の多くの労働者を巻き込んだ。スマッツ将軍は、切迫した状況下でインド人の要求を調査するために委員会を設けたが、ガンディーは委員会の意見は偏っているとして、拒否した。

1914年１月、スマッツ将軍がガンディーに会談を申し入れたとき、南アフリカはヨーロッパ人鉄道労働者のゼネストの真只中だった。ガンディーは政府を困らせないように、闘争を一時中断した。そのことにより、ガンディーはスマッツ将軍の信望を得ることができた。話し合いの結果、６月に「インド人救済法」が制定。３ポンドの税金が廃止され、インド式結婚も合法となり、サティヤーグラハの勝利とみなされた。

当時44歳になっていたガンディーは、非暴力の指導者として尊敬され、晴れてインドに帰国することができた。

インド　1919~1924		
1919年	ローラット法に反対して、全インドにサティヤーグラハ闘争とゼネストを指揮。暴力の勃発により、サティヤーグラハを一時中止。『ヤング・インディア』誌を創刊。	ローラット法により、戦時下におけるインド人に対する制約がそのまま続く。戦争に協力したインド人の努力、報いられず。 インド統治法（モンタギュー・チェルムズフォード改革）で導入されたインド自治は限定的で、制約が多かった。 アムリッツァル虐殺事件勃発、インドに戒厳令が敷かれる。
1920年	非協力闘争を先導。イギリスから授かった勲章を返還。	国民会議派、非協力および大規模な市民的不服従を宣言する。
1921年	引き続き非協力闘争を先導。インド各地を視察。外国製の布のボイコットを提唱し、腰布のみを着用。毎日糸を紡ぐ。	リーディング卿、インド総督になる。 イギリス皇太子のインド行幸、ボイコットされる。
1922年	チャウリ・チャウラの暴動を理由に市民的不服従闘争を中止。逮捕される。裁判で罪状を認め、イェラヴダ刑務所での服役6年の判決を受ける。	
1923年	刑務所で『南アフリカにおけるサティヤーグラハ』を執筆。	
1924年	虫垂炎の手術。釈放される。ヒンドゥー教徒とイスラム教徒の融和のために断食。会議派議長になることを承諾。	

ハリジャンへの奉仕

インドでは、カースト制度によって、何百万もの人々が長い間「不可触民」として不当に扱われていた。ガンディーは、不可触民の問題が解決されるまでインドは独立に値しないと国民に向かって主張し、これら低い身分のヒンドゥー教徒に「神の子」を意味するハリジャンという新しい名前を与えた。またハリジャンの少女を養女にし、アシュラムに迎え入れた。さらに、寄付を募ったり、寺院や家々に門戸を開放するよう説得したり、刊行している新聞を『ハリジャン』と改称したりするなど、生涯休むことなくハリジャンのために尽した。

ジャワハルラール・ネルー　(1889-1964)

裕福な弁護士で、政治家でもあったモティラル・ネルーの息子ジャワハルラール・ネルーは、ケンブリッジ大学を卒業した後、ロンドンで法律を学んだ。1919年、ガンディーの非暴力闘争に父とともに参加し、その後、数十年間、何度もイギリス政府によって投獄された。ネルーは1929年には、インドの多くの若者にとって、英雄的存在となっていた。ガンディーは、インド国民会議派にネルーを議長とするように説得する。ガンディーとネルーの間には大きな意見の違いがあったが、両者は大変親しく、ガンディーはネルーをインドにおける天性の指導者と呼んだ。第二次世界大戦後、ネルーはインドとパキスタンの分離をしぶしぶ認め、独立交渉の中心的な役割を担った。1947年８月、独立インドの初代首相となり、1964年に亡くなるまで首相を務めた。

1925年	手紡ぎ、カディー（手織り布）の着用、社会改革の推進のため国中を遊説する。ヒンドゥー教寺院の門戸をハリジャンに開放するようサティヤーグラハ闘争を指揮。『My Experiments with Truth（私の真理の実験）』刊行。	
1926年	サバルマティ・アシュラムで政治的「沈黙の年」を過ごす。	アーウィン卿、総督に就任。
1927年	インドを視察して回る。	イギリス政府はサイモン委員会に改革の提言を任命するが、委員会のメンバーにインド人はひとりも入っていなかった。国民会議派とムスリム連盟はサイモン委員会をボイコットすることに同意。
1928年	カルカッタでの国民会議派大会に参加しインドの完全独立を決意。1929年末までに自治領としての立場が実現しない場合、新たにサティヤーグラハ闘争を展開すると政府に警告。	サイモン委員会、全国民的ストライキと抗議にあう。
1929年	ジャワハルラール・ネルーの会議派議長就任を支持。	自治領としての立場についての話し合い、決裂。 会議派、市民的不服従と独立を要求（12月31日）。
1930年	サバルマティから「塩の行進」をはじめる。ダンディで塩のサティヤーグラハに着手。会議派の指導者たちとともに投獄される。	何千もの国民が非暴力闘争で投獄される。第１回円卓会議、ロンドンで開催される。結論出ず。

サティヤーグラハの一時中止

ガンディーにとって、正しい手段を用いることは、正しい結果を得るための唯一の方法だった。それゆえに、1922年２月、チャウリ・チャウラの群衆が、23名の警官が建物内にいた警察署を燃やしたとき、ガンディーは成功を目前に控えていたにもかかわらず、非協力闘争を延期し、５日間、後悔の断食をした。この大原則に基づいたガンディーの行為は、ジャワハルラール・ネルーや親しい活動仲間たちを当惑させた。しかしガンディーにとって、それはサティヤーグラハの根幹をなす、ゆずれない原則であった。

塩のサティヤーグラハ、1930年

インド国民会議派がインドの完全独立を目標に掲げると、ガンディーは、塩の製造をイギリスの専売とする法律にあえて違反するために、大規模な行進を先導した。かれは78人の仲間とともにサバルマティを出発し、海辺の町ダンディまで240マイルを歩いた。インド中の人々が行進を見守り、ガンディーが砂浜から一握りの塩をつかみあげたとたん、市民的不服従が全土にわたって爆発した。ガンディーが逮捕された後、ダラサナ製塩所ではサロジニ・ナイドゥの指揮によって、2500人の非暴力抵抗者が警官隊の過酷な殴打に対して報復することなく、非暴力で戦った。ガンディーや、会議派の指導者たちを含む何千人もの人々が、投獄された。イギリスのインド統治は、世界中の人々から疑問視され、インド独立は今や時間の問題となった。

インド 1931~1938		
1931年	会議派の指導者たちとともに釈放される。アーウィン総督との協定に合意。市民的不服従を終了。第２回円卓会議に出席するためにロンドンに赴く。成果が得られないまま帰国。	ウィリンドン卿、総督に就任。 新しい総督のもとで、ガンディー・アーウィン協定、決裂。会議派の指導者たち、逮捕される。戒厳令が敷かれる。
1932年	市民的不服従を再開。イェラヴダ刑務所に投獄される。ハリジャンの分離選挙に反対し、断食。	
1933年	『ヤング・インディア』に代わって、『ハリジャン』を刊行。獄中で断食。釈放される。サバルマティ・アシュラムをハリジャンに与えハリジャンのために遊説。	
1934年	地震後のビハール州を訪れる。村の生活向上と社会改革の建設的プログラムに従事。会議派を離れるが、引き続き支持を誓う。	
1935年	体調をくずし、ボンベイで静養。建設的プログラムに従事。会議派議長としてネルーを支持。	限定的自治を認めた「インド統治法」が公布される。
1936年	中央インドにセヴァグラム・アシュラム（奉仕の村）を開設。	リンリスゴー卿、総督に就任。
1937年	引き続き建設的プログラムに従事。	州議会選挙で会議派、大勝利。
1938年	北西国境地域をカーン・アブドゥル・ガッファー・カーンと視察。	

第２回円卓会議

1930年、イギリスとインド国民会議派は硬直状態におちいっていた。インドの憲法について議論するために、翌年ロンドンで第２回円卓会議が開催された。ガンディーは会議派を代表して出席を要請され、刑務所から釈放された。イギリスでは、ロンドンの貧しい地域に滞在し、ランカシャーの紡績工場労働者に会いに出かけた。かれらは、インド人のイギリス製布のボイコットによって経済的に苦しんでいたが、ガンディーの誠実さと率直さに温かく応じた。円卓会議そのものは、成果をもたらさなかった。インドに戻ったガンディーは、新しい総督が著しく抑圧的な政権を導入していたことを知った。1932年、年頭に再び投獄された。

ガンディーの建設的プログラム

ガンディーにとってサティヤーグラハは、不正に対する非暴力的抵抗を意味するだけではなく、自給自足と社会改革を積極的に推進することでもあった。1940年代にガンディーは、「わたしの真の政治とは、建設的な仕事のことです」と言っている。かれの建設的プログラムには、ヒンドゥー教徒とイスラム教徒の融和、ハリジャン運動、カディー（手織り布）の使用と手紡ぎの大切さ、女性に対する平等、農村部の産業の発展、健康教育、手仕事を基礎にした教育、ならびに人種、宗教、貧富、権力を超えた「心の結びつき」の提言などが含まれていた。

インド　1939~1943

1939年	アドルフ・ヒットラーに手紙を書くが、配達されず。再び会議派の指導的役割を担う。	第二次世界大戦勃発。総督はインド人の指導者と相談せずにインドの参戦を発表。会議派の閣僚たち、辞任。
1940年	会議派からイギリスに対するサティヤーグラハ闘争の指揮を依頼される。個人的不服従闘争を開始。	会議派は、独立が約束されるなら戦争に協力することをイギリスに申し入れる（６月）。申し入れが拒絶されたため、協力を拒否（８月）。 ムハンマド・アリー・ジンナーの指揮のもとで、ムスリム連盟はイスラム教徒のパキスタン州独立要求案を決議。
1941年	個人的不服従闘争を続ける。何千もの人々が投獄される。セヴァグラムにとどまる。大衆動乱を未然に防ぐために投獄が回避される。	パールハーバー、攻撃される（12月）。ヒンドゥー教徒とイスラム教徒の間で緊張が高まる。
1942年	スタッフォード・クリップス卿と会談。クリップス卿の申し出を「当てにならない小切手」と呼び、同意せず。「クイット・インディア（イギリスのインド撤退）」闘争を開始。マハデヴ・デサイ、カストゥルバイとともに投獄される。マハデヴ・デサイ死去。	ビルマ、日本に制圧される。スタッフォード・クリップス卿、インドに到着。戦争終焉後にインドを独立させることを提案。会議派、提案を退ける。会議派の指導者たち、投獄される。
1943年	総督とインド人指導者との交渉の行き詰まりを打開するために断食する。	ウェーヴェル卿、総督に就任。ベンガル州、飢饉。

ムハンマド・アリー・ジンナー（1876-1948）

インド北西部の裕福なイスラム教徒の商人の息子ジンナーは、ロンドンで法律を学び、弁護士として成功した。敬虔なイスラム教徒というわけではなかったが、ヒンドゥー教徒が圧倒的に多いインドで、イスラム教徒の利益を代弁すべく結成されたムスリム連盟の指導者として、頭角を現した。1940年、ムスリム連盟はイスラム教徒の独立州パキスタン（「聖なる地」という意味）を作ることを提言した。ガンディーは分離に反対し、インドの統一を支持するようジンナーを再三、説得したが、不成功に終わった。ジンナー、マウントバッテン卿、ネルー、その他会議派の指導者たちとの長期にわたる交渉の末、1947年８月14日にジンナーを総督とするパキスタンができた。1948年９月に死去する。

インド　1944~1946

1944年	カストゥルバイ死去。釈放される。ヒンドゥー教徒とイスラム教徒の融和のためにジンナーと会見するが、結論出ず。	
1945年	ウェーヴェル卿との権力移譲についての会議に、会議派の指導者ならびにジンナーとともに出席。分離問題で会議は決裂する。	第二次世界大戦終結。政治犯、釈放される。ロンドンの労働党政府、インド独立を準備する。
1946年	イギリス閣僚使節団のメンバーと会合を開くが、結論出ず。	会議派とムスリム連盟は膠着《こうちゃく》状況。使節団の案、拒否される。ムスリム連盟、「直接行動の日」を宣言し、カルカッタで対立する住民の間で暴力が発生する。 インドで暫定的政府が形成される。
	対立住民間の暴力に対抗するために徒歩で東ベンガル州のノアカリを回る。	ベンガルとビハールで市民間の暴力発生。

カストゥルバイ・ガンディー（1869-1944）

カストゥルバイとガンディーが結婚したのは、ふたりが13歳のときだった。結婚初期は波乱に富んだ日々で、離れて暮らすことも多かった。南アフリカで弁護士として成功したガンディーは、奉仕と非暴力の精神に則って、生活を徹底的に簡素化することに決め、家族にも自ら範を示しながら、同じことを求めた。カストゥルバイは、気が進まないながらも、夫に従った。1913年、ガンディーのサティヤーグラハ闘争に参加し、それ以降、ガンディーの批判的、かつ誠実な支持者となった。ガンディーは、カストゥルバイを非暴力における自分の師であり、本当の意味での「ベターハーフ（伴侶）」だと言っている。インドでは、カストゥルバイは「バ（母）」と呼ばれていた。1942年、ガンディーとともに投獄され、1944年、ガンディーの膝に頭をあずけたまま、息を引き取った。62年間にわたる結婚生活であった。

宗教間の衝突

ガンディーは、1930年代から40年代に、各地で高まりつつあった宗教間の対立に、深い悲しみを覚えた。特にインド北部では、いたるところで暴力が発生していた。それに対して、ガンディーが繰り返しおこなったことは、危険を承知でその地域に直行し、ヒンドゥー教徒、イスラム教徒を問わず、加害者と話をし、被害者を慰めることであった。パキスタン分離後、ガンディーは、1947年9月にカルカッタで起った暴動と、1948年1月にデリーで起った暴動に対する抗議として、それぞれ断食した。そのようなガンディーの抗議に対して、人々は心を開き、街々は平和を取り戻していった。すでに70代後半でありながら、ガンディーはインド統一のために日夜、尽した。

1947年	カーン・アブドゥル・ガッファー・カーンとビハールで合流。マウントバッテン卿とデリーで独立について会談し、分離独立案に反対する。 インド独立の日にも「後悔断食」を続ける。 ヒンドゥー教徒とイスラム教徒の暴動を終息させるために、カルカッタで断食。	パンジャーブ地方と国境地域で暴動が起きる。マウントバッテン卿、総督に就任。デリーに到着（３月）。会議派は基本的に分離を受け入れる（５月）。 インドとパキスタンに独立が与えられる（８月15日）。ネルー、インド初代首相。 対立住民間の暴動により、多数死亡。イスラム教徒はパキスタンに、ヒンドゥー教徒とシーク教徒はインドに集団移住。
1948年	ヒンドゥー教徒とイスラム教徒の融和のためにデリーで「死を賭した断食」をおこなう。暴力、沈静化。 祈りの集会に行く途中で暗殺される（1月30日）。唇にラーマを唱えながら死ぬ。	

癒しを与える明かり

ガンディーが暗殺された日の夕刻、ジャワハルラール・ネルー首相は、オール・インディア・ラジオを通して、国民に向けて演説した。「今、明かりがわたしたちの生活から消え、いたるところ暗闇がおおっています。……明かりが消えてしまったと、わたしは言いましたが、それは間違っていました。この国に輝いていた明かりは、普通の明かりではないからです。長い間、この国を照らしてきた明かりは、これから何年もこの国を照らし続けるでしょう。その明かりは、千年ののちもこの国で灯り続け、世界もそれを目撃することでしょう。そして無数の人々の心に癒しを与えることでしょう」

独立前のインド（1947年8月15日独立）

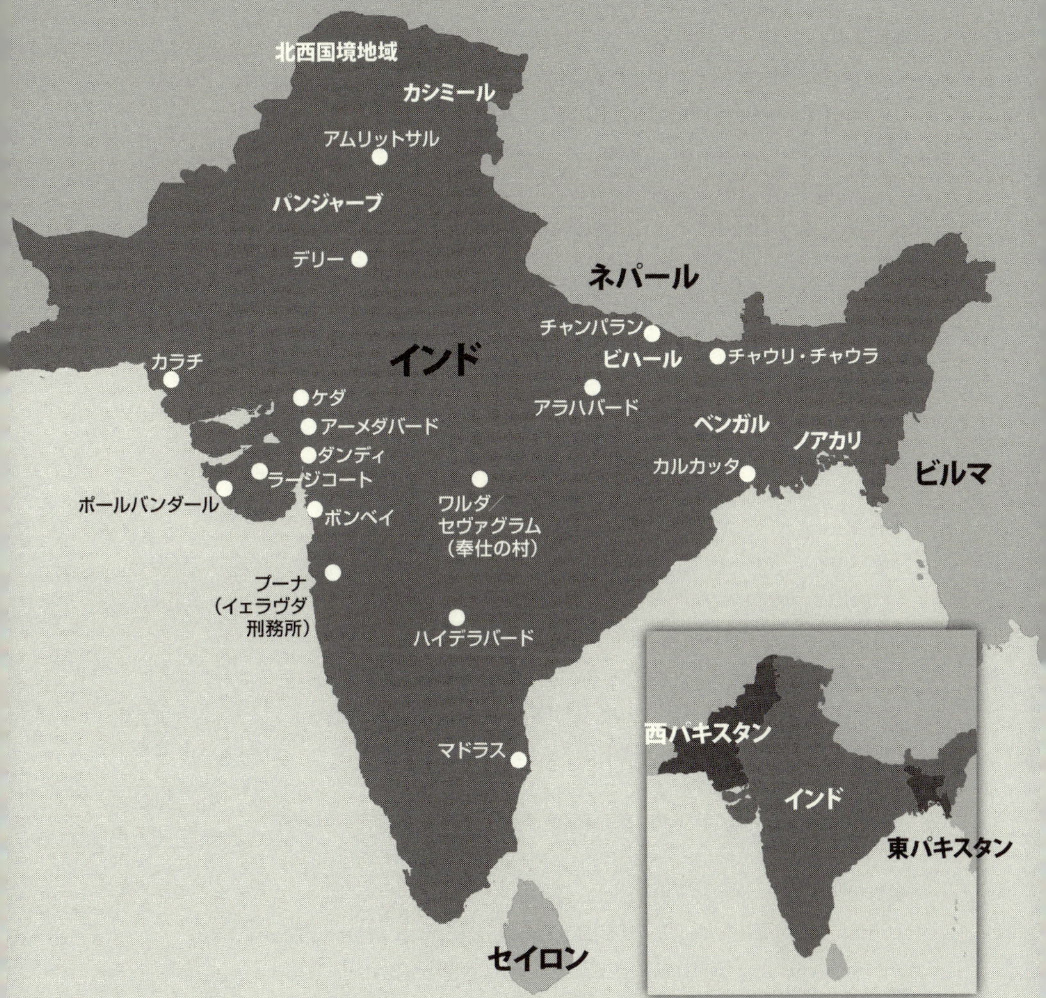

独立直後のインドとパキスタン

参考文献

■ガンディー語録

Collected Works of Mahatma Gandhi, 6th rev. ed. New Delhi: Publications Division, Govt. of India, 2000-2001.

Satyagraha in South Africa, by M. K. Gandhi. Navajivan Publishing House, 2006.

All Men are Brothers, ed. Krishna Kripalani. Ahmedabad: Navajivan Publishing House, 1960.

The Mind of Mahatma Gandhi, ed. R. K. Prabhu & U. R. Rao. Ahmedabad: Navajivan Publishing House, 1945-1959.

The Essential Gandhi: An Anthology of His Writings on His Life, Work, and Ideas, ed. Louis Fischer; with a preface by Eknath Easwaran. NY: Vintage Books, 2002.

■伝記

The Life of Mahatma Gandhi, by Louis Fischer. Harper Collins, 1997.

Gandhi: His Life and Message for the World, by Louis Fischer. Signet Classics, 2010.

Gandhi: The Man, His People and the Empire, by Rajmohan Gandhi. University of California Press, 2008.

Mahatma Gandhi—A Biography, by B. R. Nanda. George Allen & Unwin, 1958-1963.

Gandhi, by Peter Rühe. Phaidon Press, 2001.

■カーン・アブドゥル・ガッファー・カーンについて

Nonviolent Soldier of Islam: Badshah Khan, A Man to Match His Mountains, by Eknath Easwaran. Nilgiri Press, 1999.

Ghaffer Khan: Nonviolent Badshah of the Pakhtuns, by Rajmohan Gandhi. New Delhi: Penguin Viking, 2004.

索引

■サ行

■タ行

■ナ行

■ハ行

＜著者＞エクナット・イーシュワラン　Eknath Easwaran
1911年、インドのケーララ州に生れる。英文学教授および著述家として活躍したのち、1959年にフルブライト客員教授として渡米。1961年、カリフォルニア州にブルーマウンテン瞑想センターを設立。以来、1999年に他界するまで40年にわたり、アメリカをはじめ世界の人々に瞑想を指導する。1968年にはカリフォルニア大学で、単位が取得できる正式な授業として瞑想を教える。『ウパニシャッド』、『バガヴァッド・ギーター』をはじめとするインドの古代聖典の解説のほか、『スローライフでいこう』(早川書房)、『永遠の生命』(東方出版)など、著作は26冊にも及び、そのユーモアのある語り口と鋭い洞察で、今も読者を魅了し続けている。

＜訳者＞スタイナー紀美子
1951年、岡山県生れ。京都教育大学卒業後、京都市立芸術大学修士課程修了。1989年よりスタイナー翻訳ビューロー代表。訳書は、『ガラス幻想』、『ガウディのデザインと空間』、『エミール・ガレ』など美術関係のものが多いが、近年はエクナット・イーシュワランの著書の翻訳を手がけている。イーシュワランが設立したブルーマウンテン瞑想センターのリトリートに1995年に初めて参加。以来、翻訳、勉強会などを通してイーシュワランの教えを日本に紹介している。

*　　*　　*

本書は、1969年にガンディー生誕100年を記念して、カリフォルニア大学バークレー校で開催されたガンディーの写真と言葉を紹介する展覧会がきっかけとなって執筆された。初版は1972年、サンフランシスコのグライド基金によって出版され、1978年、第2版の発行に際して、版権が著者に戻された。2011年改訂版の出版にあたり、旧版で用いられていた写真は、ガンディー・サーヴィス基金によって良好な状態で保存・管理されている写真に差し替えられた。

人間ガンディー——世界を変えた自己変革

2013年3月4日　　初版第1刷発行

著　者——エクナット・イーシュワラン
訳　者——スタイナー紀美子
発行者——今東成人
発行所——東方出版(株)
〒543-0062 大阪市天王寺区逢阪2-3-2
Tel.06-6779-9571 Fax.06-6779-9573
装　幀——森本良成
印刷所——亜細亜印刷(株)

乱丁・落丁はおとりかえいたします。
ISBN978-4-86249-213-5